Diana Haußmann
Reden und Schweigei

Frauen in der Literaturgeschichte
Band 15

Diana Haußmann

Reden und Schweigen

Die Repräsentation algerischer Frauen im Werk Assia Djebars

Centaurus Verlag & Media UG

Zur Autorin:
Diana Haußmann ist Wissenschaftliche Mitarbeiterin am Frankreich-Zentrum der
FU Berlin.

Bibliografische Informationen der Deutschen Nationalbibliothek

Die Deutsche Nationalbibliothek verzeichnet diese Publikation in der
Deutschen Nationalbibliografie; detaillierte bibliografische Daten sind
im Internet über http://dnb.d-nb.de abrufbar.

Gedruckt auf säurefreiem und chlorfrei gebleichtem Papier.

ISBN 978-3-86226-245-8   ISBN 978-3-86226-918-1 (eBook)
DOI 10.1007/978-3-86226-918-1
ISSN 0947-4056

© *CENTAURUS Verlag & Media KG, Freiburg 2013*
www.centaurus-verlag.de

Umschlaggestaltung: Jasmin Morgenthaler, Visuelle Kommunikation
Umschlagabbildung: sto.E, Weg zur Quelle, www.photocase.de
Satz: Vorlage der Autorin

„Ô ma soeur, j'ai peur, moi qui ai cru te réveiller. J'ai peur que toutes deux, que toutes trois, que toutes – excepté les accoucheuses, les mères gardiennes, les aïeules nécrophores –, nous nous trouvions entravées là, dans ,cet occident de l'Orient', ce lieu de la terre où si lentement l'aurore a brillé pour nous que déjà, le crépuscule vient nous cerner. "

Assia Djebar, Ombre Sultane.

„La femme algérienne dévoilée, qui occupe une place de plus en plus importante dans l'action révolutionnaire, développe sa personnalité, découvre le domaine exaltant de la responsabilité. La liberté du peuple algérien s'identifie alors à la libération de la femme, à son entrée dans l'histoire. "

Frantz Fanon, Sociologie d'une Révolution, 1959.

Inhalt

1 Die Repräsentation algerischer Frauen im Werk Assia Djebars

Die algerische Schriftstellerin Assia Djebar (*1936) muss nicht nur als Vorreiterin weiblichen Schreibens im Maghreb angesehen werden, sie zählt auch zu den renommiertesten Stimmen der frankophonen nordafrikanischen Literatur. Ihr Werk von nunmehr einem halben Jahrhundert literarischer Produktion umfasst neben Essais und Novellensammlungen hauptsächlich Romane, auf denen sich der internationale Erfolg der Autorin maßgeblich begründet. Darüber hinaus konnte sich Djebar, der Profession nach Historikerin, auch als Journalistin und Cineastin einen Namen machen.

Thematisch gilt Djebars Hauptaugenmerk in ihren Romanen und Novellen der Repräsentation algerischer Frauen, die traditionsgemäß fernab des männlich dominierten öffentlichen Raums den größten Teil ihres Lebens im Harem verbringen. Diesen stellt die Autorin häufig eine im okzidentalen Verständnis emanzipierte, „moderne" Erzählerin oder Protagonistin gegenüber, für die das Gebot der Absenz aus der Öffentlichkeit keine Gültigkeit besitzt, sodass ihre Texte darüber hinaus auch von einer profunden Auseinandersetzung mit der Situation solcher Frauen zeugen, die sich gegen die Tradition und für sowohl räumliche als auch soziale Transgressionen entscheiden. Dem geschuldet erscheint – unabhängig von der Frage, wie der Terminus „feministisch" nun definiert werden müsse, damit Djebars Werk ihm nicht außen vor bleibe – eine Verortung ihres literarischen Werkes im Kontext einer feministischen Literatur notwendig.

In einer *gender*-orientierten Perspektive positioniert sich aus diesem Grund auch die vorliegende Arbeit, die es sich zum Ziel setzt, zu beleuchten, in welcher Weise, verquickt mit der Autobiografie der Autorin, in Djebars Werk Historie, sich auf einer individuellen Ebene situierende weibliche Geschichte und die Repräsentation weiblicher Traditionen in ein komplexes Zusammenspiel treten. Der Analyse liegt dabei in erster Linie Djebars Roman *Vaste est la prison* (1995) zugrunde, der Teil des *Quatuor algérien,* eines großangelegten autobiografischen Projekts der Autorin, ist. Da die ihm zugehörigen Romane in inhaltlicher Verbindung stehen, scheint eine isolierte Betrachtung von *Vaste est la prison* der Komplexität des Projekts nicht genügend Rechnung zu tragen. Gleichwohl sich die Argumentation der vorliegenden Arbeit hauptsächlich auf *Vaste est la prison* stützt, nimmt sie daher, wo dies der Veranschaulichung der Analyseaspekte dient und Analogien zwischen den

Romanen bestehen, Bezug auf die beiden anderen bisher publizierten Teile des *Quatuor*, *L'Amour, la fantasia* (1985) und *Ombre Sultane* (1987).[1] Dies gilt ebenso für andere Werke Djebars, die nachfolgend Berücksichtigung finden, sofern sie der Thematik von *Vaste est la prison* verwandte und für das Gesamtwerk der Autorin charakteristische Aspekte aufweisen.

Angesichts der Tatsache, dass Djebars Schreiben zwangsläufig in einem geografisch wie kulturell postkolonialen Kontext stattfindet und überdies ihr ambivalentes Verhältnis zur französischen Sprache, das im Zentrum ihrer schriftstellerischen Auseinandersetzung steht, besonders augenfällig die Hybridität dieses Schreibens reflektiert, erweist sich, neben einer Verortung ihrer Werkes in einer feministischen, diejenige in einer postkolonialen Literatur als gleichermaßen sinnvoll.

Auf der Grundlage dieser beiden Annahmen unternimmt die vorliegende Arbeit die Analyse von *Vaste est la prison* sowie in einem weiteren Sinne auch diejenige der beiden anderen dem *Quatuor algérien* ausdrücklich zugewiesenen Romane. Untersucht werden sollen dabei einerseits die verschiedenen Ausdrucksmöglichkeiten, die den in den Romanen dargestellten algerischen Frauen zur Verfügung stehen. Andererseits richtet sich die Aufmerksamkeit auf Djebars Verständnis von Historiografie, in dessen Zentrum zumeist eine weibliche, mindestens jedoch eine vom offiziellen Diskurs vernachlässigte Perspektive von Geschichte steht. Im Zusammenhang mit diesen beiden zentralen Analyseaspekten soll ferner aufgezeigt werden, auf welchen Ebenen des Textes von *Vaste est la prison* sich Hybridität manifestiert.

Vor dem Entstehungshintergrund der frankophonen maghrebinischen und speziell algerischen Literatur und unter Berücksichtigung der besonderen Schwierigkeiten, denen sich Frauen ausgesetzt sehen, die im islamisch geprägten kulturellen Kontext des Maghreb schreiben, situiert Kapitel zwei zunächst Assia Djebars Werk in dieser noch jungen, im Hinblick auf die zunehmende Arabisierung der Maghreb-

---

[1] Bezüglich des eventuell noch ausstehenden vierten Teils des *Quatuor algérien* wurden zahlreiche Annahmen getroffen: So wurden u. a. *Loin de Médine* und *Le Blanc de l'Algérie* als ihm zugehörig verstanden. Am ehesten scheint jedoch Djebars zuletzt erschienener Roman *Nulle part dans la maison de mon père* (2007) als Fortsetzung bzw. Abschluss der Tetralogie zu funktionieren, da er offensichtlich autobiografisch ist. Djebars Umgang mit ihrer persönlichen Lebensgeschichte erscheint in *Nulle part* jedoch weitaus offener als in den drei früheren Romanen, vgl. dazu auch Hiddleston, Jane: Imprisonment, freedeom, and literary opacity in the work of Nawal El Saadawi and Assia Djebar. In: FT 11,2 (2010), S.183ff. und Donadey, Anne: Introjection and Incorporation in Assia Djebar's La Femme sans sépulture. In: EC 48,4 (2008), S.90, die eine Kontinuität des offeneren Umgangs mit Autobiografie seit der Publikation von *Vaste est la prison* feststellt. Da dies somit nicht nur auf *Nulle part* zutrifft und Djebar selbst nur die ersten drei genannten Romane explizit als ihrem *Quatuor* zugehörig charakterisiert, kann im Hinblick auf *Nulle part* nur spekuliert werden. Der Roman wird aus diesem Grund in der vorliegenden Arbeit nicht als Teil des *Quatuor* behandelt und findet daher keine Berücksichtigung.

länder gleichwohl möglicherweise im Verschwinden begriffenen literarischen Tradition.

Kapitel drei beleuchtet, inwiefern Djebars Texte als postkolonial erachtet werden können. Argumentiert wird dahingehend, dass sie nicht postkolonial sind, weil sie sich einem antikolonialen Befreiungskampf verschreiben, da Djebar ein direktes nationalistisches Engagement stets abgelehnt hat. Postkolonial sind sie vielmehr im Sinne ihrer kulturellen Hybridität. Illustriert findet sich diese an den drei Aspekten der Romanstruktur, der Historiografie sowie der Auseinandersetzung der Autorin mit der französischen Sprache, die das Hybride in ihren Texten besonders deutlich hervortreten lassen. Während die Analyse der Romanstruktur anhand von *Vaste est la prison* erfolgt, greift die vorliegende Arbeit bezüglich der Historiografie auf *L'Amour, la fantasia* zurück, da der Roman nicht nur exemplarisch für Djebars Verständnis von Geschichtsschreibung steht, sondern auch den Beginn ihrer literarischen Auseinandersetzung mit dem Objektivitätspostulat offizieller Historiografie markiert. Weil darüber hinaus Djebars ambivalente Haltung gegenüber dem Französischen speziell in diesem Roman offensichtlich wird, stützt sich auch die Analyse dieses Aspekts teilweise auf *L'Amour, la fantasia*.

Kapitel vier sucht zunächst zu ergründen, in welcher Hinsicht Djebars Werk einer feministischen Literatur zugerechnet werden kann, obgleich die Autorin sich gegen eine Übernahme jedweder Art vorgefertigter akademischer Positionen verwehrt und daraus resultierend ihren Texten ihr eigenes Verständnis von Feminismus zugrunde legt. Eine Darstellung der Situation der algerischen Frau beleuchtet als soziologische Basis der Interpretation die Gründe für ihre traditionelle Absenz aus der Öffentlichkeit. Die anschließend im Hinblick auf die Ausdrucksmöglichkeiten traditioneller algerischer Frauen unternommene Analyse der drei Romane des *Quatuor* zeigt, dass entgegen der okzidentalen Wahrnehmung, das Schweigen der Frauen in der Öffentlichkeit komme einem generellen Schweigen gleich, diese innerhalb des Harems über differenzierte Kommunikations- und Artikulationsmöglichkeiten verfügen. Als Gegenentwurf zu diesen traditionellen Frauen positioniert sich die hybride Figur der Erzählerin aus *Vaste est la prison*. An ihr wird deutlich, dass Bildung Frauen nicht nur dazu verhilft, den Harem hinter sich zu lassen und ihnen weitreichende Artikulationsmöglichkeiten eröffnet, sondern auch, dass diese Freiheit nicht ausschließlich als Zugewinn zu sehen ist, da mit dem Verlassen des Harems ein partieller Verlust weiblicher Kommunikationsstrukturen einhergeht.

Kapitel fünf schließlich widmet sich den unterschiedlichen Ebenen, auf denen Djebars Historiografie Eingang in *Vaste est la prison* findet. Dargestellt durch die Erzählerin Isma, die im Roman als Historikerin auftritt, präsentiert sich Geschichte im dritten Teil von Djebars *Quatuor* sowohl in Form von in einem weiteren Kontext relevanter Historie, als auch mittels weiblicher Biografien auf einer individuellen Ebene und fließt schließlich in Form der Biografie der Erzählerin als partielle Autobiografie der Autorin in den Roman ein. Auf der Ebene der Historie soll die Analyse von Djebars Historiografie aufzeigen, dass analog zu der in *L'Amour, la fantasia* begonnenen Subversion historischer Quellen eine Dekonstruktion kolonialen historischen Materials auch in *Vaste est la prison* stattfindet. Diese setzt sich darüber hinaus jedoch in Bezug auf den offiziellen Geschichtsdiskurs des nachkolonialen Algerien fort. Das ebenfalls bereits in *L'Amour, la fantasia* manifeste Ergänzen von Geschichte um eine weibliche Perspektive erfolgt in *Vaste est la prison* mit Hilfe von Fiktion. Auf der individuellen Ebene von Geschichte richtet sich die Aufmerksamkeit auf die Figur der Erzählerin, die mittels der Vergegenwärtigung von Biografien ihrer weiblichen Genealogie diese dem historischen Vergessen zu entreißen sucht und damit verbunden zugleich die eigene Biografie aufarbeitet. Diese weist offensichtlich Parallelen zur Biografie der Autorin auf, dennoch wird die Identität von Autorin und Erzählerin weder im Text noch im Peritext bestätigt. Die vorliegende Arbeit identifiziert das auf der Ebene des Textes präsente „je" daher stets mit der Figur der Erzählerin.

2 Frankophone Literatur aus dem Maghreb[2]

2.1 Situation der frankophonen Literatur im Maghreb

Nach der Einschätzung des tunesischen Schriftstellers Albert Memmi im Jahr 1957 sollte es um die Zukunft der frankophonen Literatur in den gerade unabhängig gewordenen bzw. sich auf dem Weg in die Unabhängigkeit befindlichen Kolonien schlecht bestellt sein: „[...] la littérature colonisée de langue européenne semble condamnée à mourir jeune."[3] Zwar ging Memmi keineswegs davon aus, dass das Ende der frankophonen Literaturproduktion in den Ländern des Maghreb mit dem Zeitpunkt ihrer Unabhängigkeit zusammenfallen würde. Für den unter französischer Herrschaft sozialisierten Schriftsteller, der die kolonialen Bildungsinstanzen durchlaufen hatte, erschien es Memmi unmöglich, in seinem Schreiben zur Muttersprache zurückzukehren.[4] Dennoch würde sich das Problem der Zerrissenheit zwischen zwei Sprachen und Kulturen, dem eben dieser beständig ausgesetzt war, mit einem Generationenwechsel lösen. Für junge Schriftsteller, in der Unabhängigkeit ihres Landes geboren und aufgewachsen, sollte das Schreiben in ihrer Muttersprache Teil ihres Selbstverständnisses werden.

Im Falle seines Heimatlandes Tunesien, aber auch für Marokko, sollte Albert Memmi in seiner Einschätzung nicht falsch liegen: Mit der Unabhängigkeit nahm die Bedeutung der frankophonen Literatur ab,[5] zahlenmäßig wird sie heute von der Literatur in arabischer Sprache überflügelt und nur wenige Autoren publizieren ihre Werke aktuell in französischer Sprache.[6] Anders verhält es sich jedoch mit der

---

[2] Literatur in französischer und in arabischer Sprache koexistieren in den Ländern des Maghreb und sind nicht zwangsläufig als zwei verschiedene Literaturen anzusehen, vgl. dazu etwa Walter, Helga: Widerschein Afrikas. Zu einer algerischen Literaturgeschichte. Themen und Motive. Wiesbaden: Harrassowitz 1990, S.19; Khatibi, Abdelkebir: Le roman maghrébin. Essai. Rabat: SMER 1979 sowie im ausschließlichen Bezug auf Autorinnen auch Déjeux, vgl. Déjeux, Jean: Assia Djebar. Romancière algérienne, cinéaste arabe. Sherbrooke: Naaman 1984. Da sich die vorliegende Arbeit auf das Werk Assia Djebars beschränkt, liegt die Konzentration auf der frankophonen algerischen Literatur; eine Betrachtung arabischsprachiger Werke muss außen vor bleiben.

[3] Memmi, Albert: Portrait du colonisé précédé de portrait du colonisateur et d'une préface de Jean-Paul Sartre. Paris: Gallimard 2001, S.130.

[4] Memmi 2001, S.129: „ [...] on ne refait pas un tel apprentissage dans une vie d'homme. L'écrivain colonisé est condamné à vivre ses divorces jusqu'à sa mort. "

[5] Vgl. Khatibi 1979, S.24 und Déjeux, Jean: Littérature maghrébine de langue française. Sherbrooke: Naaman ²1978, S.28.

[6] Vgl. Déjeux, Jean: Les romans en français au Maghreb. In: LCLF 17 (1992a), S.87.

Situation in Algerien, wo das Französische trotz der umfassenden Anstrengungen zur Arabisierung aller Bereiche des öffentlichen Lebens, die seit der Unabhängigkeit unternommen wurden, noch immer eine wichtigere Rolle spielt als in den anderen Maghrebstaaten. Dies ist eine maßgebliche Konsequenz aus der zum einen wesentlich längeren und zum anderen weitaus intensiveren französischen Kolonisierung, der sich Algerien im Vergleich zu seinen Nachbarländern ausgesetzt sah.[7] Die frankophone Literatur hatte daher in Algerien nach der Unabhängigkeit zunächst keinen Rückgang zu verzeichnen und auch gegenwärtig scheint ihr Ende nicht in Sicht. Viele Autoren publizieren ihre Werke weiterhin in französischer Sprache, wenn sich auch in jüngerer Zeit die Tendenz zu einer Stärkung der arabischsprachigen Literatur ablesen lässt.[8]

Für algerische Schriftsteller gab und gibt es unterschiedliche Gründe, bei der Wahl ihrer Schriftsprache auf das Französische zurückzugreifen. So besaß oder besitzt für einen Teil der Autoren Memmis Beschreibung des kolonisierten Schriftstellers Gültigkeit. Für diese, die aufgrund ihrer kolonialen Bildung in der Regel die arabische Schriftsprache nicht beherrschen, erwies bzw. erweist sich das Schreiben auf Französisch als Notwendigkeit.[9] Für andere Autoren greifen andere Beweggründe: So war die französische Sprache in der Zeit des Unabhängigkeitskrieges ein nützliches Instrument, mit dessen Hilfe sich die algerische Sichtweise des Konflikts an eine internationale Leserschaft herantragen ließ.[10] Da sich die Arbeits- und Existenzbedingungen für Intellektuelle auch im unabhängigen Algerien nicht ideal gestalten, haben manche Autoren ein Leben im Exil gewählt – dies zumeist in Frankreich, wo sie auch publizier(t)en.[11] Im Hinblick auf eine noch immer relativ beschränkte algerische Leserschaft – die einer bis in die Gegenwart nicht zu vernachlässigenden Analphabetenquote[12] sowie der noch immer nicht vollständig abgeschlossenen Arabisierung geschuldet ist – eröffnet sich ein weiterer Grund für

---

[7] Tunesien und Marokko waren „nur" französische Protektorate, ihre Unabhängigkeit erfolgte relativ zügig und gewaltfrei. Algerien hingegen war als Teil des „Mutterlandes" eine Siedlungskolonie. Seine Unabhängigkeit wurde dem Land erst infolge des langen und blutigen Unabhängigkeitskrieges (1954-1962) zugestanden.

[8] Vgl. Déjeux 1992a, S.102 und Walter 1990, S.18.

[9] Vgl. etwa Déjeux, Jean: La littérature maghrébine d'expression française. Paris: PUF 1992b, S.19. Zu diesen gehört auch Assia Djebar, vgl. u. a. Djebar, Assia: Territoires des langues. In: Gauvin, Lise (Hrsg.): L'écrivain francophone à la croisée des langues. Entretiens. Paris: Karthala 1997, S.29 und Clerc, Jeanne Marie: Assia Djebar. Ecrire, transgresser, résister. Paris: l'Harmattan 1997, S.23.

[10] Vgl. Merad, Ghani: La littérature algérienne d'expression française. Approches socio-culturelles. Paris: Oswald 1976, S.150.

[11] So zum Beispiel Assia Djebar, Mohammed Dib, Rachid Mimouni.

[12] Im Jahr 1990 lag die Alphabetisierungsrate der algerischen Bevölkerung bei 57%, vgl. dazu Elsenhans, Hartmut: Algerien. In: Nohlen, Dieter und Franz Nuscheler (Hg.): Handbuch der Dritten Welt. Bd.6 Nordafrika und Naher Osten. Bonn: Dietz ³1993, S.203.

ein Schreiben auf Französisch: „S'ils avaient écrit en arabe littéraire ils n'auraient pas davantage pu d'ailleurs communiquer avec ce ‚peuple' parlant l'arabe dialectal ou le berbère [...]."[13]

Die algerische Literatur in französischer Sprache kann gegenwärtig nicht auf eine sehr lange Tradition zurückblicken. Denn kennt einerseits die traditionelle maghrebinische Literatur zumeist orale Formen, so existierte andererseits eine frankophone Literaturproduktion in Algerien wie im gesamten Maghreb zwar bereits zu Beginn des 20. Jahrhunderts; diese sei jedoch, weil sie den „regard du colonisateur"[14] auf die Gesellschaft einnimmt, nicht als eine wirklich algerische Literatur einzuordnen, sondern vielmehr als koloniale Literatur zu betrachten.[15] Die algerische Literatur in französischer Sprache entsteht aus einem „contexte sociopolitique exceptionnel"[16] – dem Vorabend des Unabhängigkeitskrieges –, ihre Ursprünge werden daher allgemein in der Periode nach dem Zweiten Weltkrieg, zwischen 1945 und 1950, verortet[17] oder spezifischer an der Publikation des autobiografisch inspirierten Romans *Le Fils du pauvre* (1950) von Mouloud Feraoun festgemacht.[18]

Ausgehend von dieser Entstehungszeit kann eine Periodisierung der frankophonen algerischen Literatur – und besonders des Romans als am häufigsten vertretener Gattung – in verschiedene Phasen vorgenommen werden. Einige literaturgeschichtliche Werke orientieren sich dabei an den in dieser Literatur behandelten Themen und Motiven.[19] Besonders im Hinblick auf die Literatur der 1950er und 1960er Jahre folgen jedoch viele mehr oder weniger modifiziert der von Frantz Fanon getroffenen Einteilung: Nach dieser durchlaufen die Literaturen kolonisierter Völker auf dem Weg in die Unabhängigkeit drei Phasen, an denen sich ihre zunehmende Emanzipation ablesen lässt. Die erste Phase ist dabei die „période assimilationniste intégrale", in der der kolonisierte Schriftsteller den jeweiligen literarischen Strömungen der „métropole" nacheifert. In der zweiten Phase bewegt sich der kolonisierte Schriftsteller, dessen Bedürfnis es ist, sich wieder in die Reihen

---

[13] Déjeux 1978, S.72; vgl. auch Merad 1976, S.148.

[14] Déjeux 1978, S.20.

[15] In Algerien vorhandene literarische Strömungen wie die *Algérianistes* und die *Ecole d'Alger* werden im Allgemeinen nicht der algerischen Literatur zugerechnet, da sie von Autoren mit europäischem Hintergrund dominiert wurden. Eine Ausnahme bilden diejenigen Autoren, die nach der Unabhängigkeit des Landes für die algerische Staatsangehörigkeit optierten.

[16] Merad 1976, S.177.

[17] Vgl. Déjeux 1978, S.22 und Bonn, Charles: Le roman algérien de langue française. Paris: l'Harmattan 1985, S.10.

[18] Vgl. etwa Walter 1990, S.28 und Soukehal, Rabah: Le roman algérien de langue française (1950-1990). Thématique. Paris: Publisud 2003, S.13.

[19] So etwa Walter und Soukehal.

seiner Landsleute zu integrieren, weg von der Metropole und produziert deshalb eine „littérature de précombat", während er sich in der (dritten) Phase des Befreiungskampfes mit einer „littérature de combat" der Aufklärung und Aufrüttelung seines Volkes widmet.[20] Wenn sich die Periodisierungen in ihren Details voneinander unterscheiden, so sind sie doch einig hinsichtlich der beiden großen Tendenzen, die charakteristisch für die algerische Literatur dieser Zeit stehen: Die einer „description ethnographique" und die der „récits de guerre."[21]

Nach der Unabhängigkeit erfolgt eine thematische Diversifizierung: So tauchen in den Romanen ab den 1970er Jahren einerseits mit dem neuen sozialistischen Staatssystem in Einklang stehende Themen wie die Agrarrevolution auf, andererseits findet mit der Thematisierung einer gescheiterten nationalen Revolution, der Infragestellung traditioneller Familienstrukturen oder der Attackierung sexueller Tabus auch eine kritische Auseinandersetzung mit der neuen Gesellschaftsordnung statt.[22] „La constante de la littérature algérienne est l'engagement", stellte Merad 1976 fest.[23] Die weitere Entwicklung zeigt, dass er mit dieser Einschätzung auch bezüglich der Zukunft der algerischen Literatur Recht behalten sollte.[24] Denn muss sie gegenwärtig nicht zwangsläufig unter dem Blickwinkel einer *littérature engagée* im Sinne der revolutionären antikolonialen Literatur der 1960er Jahre betrachtet werden, nach deren Ideologie der Schriftsteller vor allem anderen als „porteparole de son peuple"[25] fungierte, so reagiert die algerische Literatur doch stets – dies wohl auch gezwungenermaßen – auf aktuelle Ereignisse in Politik und Gesellschaft. Deutlich lässt sich dies an den Publikationen der 1990er Jahre ablesen, in denen sich zahlreiche Autoren in ihren Werken mit dem Bürgerkrieg auseinandersetzten, der Algerien in der ersten Hälfte des Jahrzehnts erschütterte.[26]

---

[20] Fanon, Frantz: Les damnés de la terre. Paris: Maspero 1968, S.153/154. Neben Merad und Khatibi orientieren sich im weiteren Sinne auch Dejeux sowie Bonn an Fanons Periodisierung.

[21] Bonn 1985, S.10/11.

[22] Vgl. Bonn, Charles: La littérature algérienne de langue française. In: Europe 567/568 (1976), S.50/51 und Déjeux 1992a, S.93.

[23] Merad 1976, S.105.

[24] Gafaïti teilte diese Einschätzung noch in den 1990er Jahren, vgl. Gafaïti, Hafid: Les femmes dans le roman algérien. Histoire, discours et texte. Paris: l'Harmattan 1996, S.15.

[25] Gafaïti 1996, S.15.

[26] Vgl. Burtscher-Bechter, Beate und Birgit Mertz-Baumgartner: Témoignage et/ou subversion: une relation paradoxale? In: Burtscher-Bechter, Beate und Birgit Mertz-Baumgartner (Hg.): Subversion du réel: stratégies esthétiques dans la littérature algérienne contemporaine. Paris: l'Harmattan 2001, S.9/10; Bonn, Charles: Le roman algérien au tournant du siècle: d'une dynamique de groupe émergent à une dissémination ,postmoderne.' In: Burtscher-Bechter, Beate und Birgit Mertz-Baumgartner (Hg.): Subversion du réel: stratégies esthétiques dans la littérature algérienne contemporaine. Paris: l'Harmattan 2001, S.256 sowie Boualit, Farida: La littérature algérienne des années 90: témoigner d'une tragédie? In: Bonn, Charles und Farida Boualit (Hg.): Paysages littéraires algériens des années 90: témoigner d'une tragédie? Paris: l'Harmattan 1999, S.25-40.

2.2 Autorinnen in Algerien

Die algerische Literatur in französischer Sprache weist zunächst auch neben ihren „quatre pères fondateurs"[27] – Mouloud Feraoun, Mouloud Mammeri, Mohammed Dib und Kateb Yacine – als Eckpunkte fast ausschließlich die Namen männlicher Autoren aus. Dies liegt nicht allein daran, dass zunächst eine separate Frauenliteraturgeschichte geschrieben werden müsste, um den Autorinnen einen angemessenen Platz in der algerischen Literatur einzuräumen.[28] Die Abwesenheit weiblicher Namen hat ihren wesentlichen Grund darin, dass die algerischen Autorinnen erst später zu publizieren begannen als ihre männlichen Kollegen. Obgleich die Anfänge der frankophonen algerischen Literatur auf das Ende des Zweiten Weltkrigs datiert werden, veröffentlichen algerische Frauen in größerem Umfang erst seit den 1980er Jahren.[29] Noch im Jahr 1968 vermag Khatibi daher festzustellen:

> „ [...] nous sommes encore dans la préhistoire de la littérature féminine, préhistoire caractérisée soit par une représentation esthétique de son aliénation et de l'intériorisation du rapport des forces actuel, soit par une attitude de révolte et de revendication. "[30]

Die algerische (und gesamte maghrebinische) Literatur kann zu diesem Zeitpunkt lediglich auf das Werk dreier *romancières* blicken:[31] Auf das der beiden Vorreiterinnen weiblichen Schreibens in Algerien, Djamila Debèche und Taos Amrouche, die ihren ersten Roman jeweils 1947 veröffentlicht hatten,[32] sowie auf das Assia Djebars, die 1957 ihren ersten Roman *La Soif* publizierte. Obwohl zeitgleich entstanden, erschien die Autobiografie von Fadhma Aït Mansour Amrouche, der Mutter von Taos und Jean Amrouche, erst 1968 posthum.

---

[27] Djebar, Assia: D'un silence l'autre. In: Djebar, Assia: Ces voix qui m'assiègent.. en marge de ma francophonie. Paris: Albin Michel 1999c, S.118.
[28] Vgl. Chaulet-Achour, Christiane: Noûn. Algériennes dans l'écriture. Biarritz: Atlantica 1998b, S.20: „[...] attirer l'attention sur un domaine de l'écriture peu connu qui serait noyé à être ‚intégré', assimilé [...] trop rapidement dans un ensemble ‚masculin' plus ancien, plus ‚peuplé' et riche de noms prestigieux. "
[29] Vgl. Chaulet-Achour 1998b, S.57, Déjeux 1994, S.26 und Segarra, Marta: Leur pesant de poudre: romancières francophones du Maghreb. Paris: l'Harmattan 1997, S.10. Abzusehen ist in diesem Kontext von Autorinnen jüdischer bzw. europäischer Herkunft, denn sie traten mit ihren Werken bereits weitaus früher an die Öffentlichkeit, zu den nichtmuslimischen Autorinnen im Maghreb vgl. Déjeux, Jean: La littérature féminine de langue française au Maghreb. Paris: Karthala 1994, S.6ff.
[30] Khatibi 1979, S.59.
[31] Der literarische Wert der im Zuge des Algerienkrieges von Frauen meist in Zeitungen veröffentlichten Erlebnisberichte und Novellen wird meist als gering eingeschätzt, vgl. Chaulet-Achour 1998b, S.71ff.
[32] *Leïla, jeune fille d'Algérie* für Djamila Debèche und *Jacinthe noire* für Taos Amrouche.

Der zeitliche und dadurch bedingt auch quantitative Rückstand der algerischen Autorinnen lässt sich einerseits durch den ihnen fehlenden Zugang zu Bildung erklären. Denn war der Prozentsatz arabischer Kinder in französischen Schulen während der Kolonialzeit ohnehin gering, so stellte der Schulbesuch für Mädchen erst recht eine Ausnahme dar. Bildung galt in der traditionellen Gesellschaft, die der Frau ihren Platz ausschließlich im Haus zuwies, für Mädchen als nutzlos, wenn nicht gar gefährlich.[33] Eng mit den fehlenden Bildungschancen verknüpft ist das Rollenverständnis der islamischen Gesellschaftsordnung andererseits ein weiterer Grund, der Frauen lange Zeit am Schreiben gehindert hat. Nach diesem wird dem Mann die Außenwelt, Bewegungsfreiheit sowie öffentliches Auftreten zugeordnet, die Frau hingegen bleibt mit dem Haus, dem Innenraum, verbunden. Geschützt durch seine Mauern oder alternativ durch ihren Schleier, wenn sie das Haus verlässt, bleiben die Frauen abgeschirmt von der Außenwelt, nicht nur unsichtbar, sondern auch unhörbar, da Schweigen und Zurückhaltung in der islamischen Kultur als weibliche Tugenden gelten.[34] Algerische Autorinnen verstoßen aus diesem Grund gegen die Konventionen ihrer Gesellschaft, „[i]hr Schreiben widerspricht der räumlichen Zuordnung der Frau zum Innenraum, dem Harem."[35] Schreiben bedeutet für sie somit nicht nur, entgegen der Traditionen ihre Stimme zu erheben, sondern auch das Vordringen in eine männliche Domäne und ein Sichtbarwerden in der Öffentlichkeit, letzteres ein Prozess, den Assia Djebar mit dem öffentlichen Ablegen des Schleiers vergleicht:

> „L'écriture est dévoilement, en public, devant des voyeurs qui ricanent... Une reine s'avance dans la rue blanche, anonyme, drapée, mais quand le suaire de laine rêche

---

[33] Vgl. Chaulet-Achour, Christiane: Ecritures féminines algériennes entre urgence et création. In: QVR 11 (1998a), S.8, Chaulet-Achour 1998b, S.51/52 sowie Walter 1990, S.71. Die Gefahr weiblicher Bildung thematisiert auch Assia Djebar in ihrem Roman L'Amour, la fantasia. Paris: Albin Michel 1995, S.11: „Dès le premier jour où une fillette ‚sort' pour apprendre l'alphabet, les voisins prennent le regard matois de ceux qui s'apitoient dix ou quinze ans à l'avance: sur le père audacieux, sur le frère inconséquent. Le malheur fondra immanquablement sur eux. " Bibliografische Verweise auf Zitate aus dem Roman werden nachfolgend im fortlaufenden Text angegeben.

[34] Vgl. Chaulet-Achour 1998b, S.30ff., Déjeux, Jean: La littérature féminine de langue française au Maghreb. In: Arnaud, Jaqueline (Hrsg.): Littératures maghrébines Bd.1. Paris: l'Harmattan 1990, S.152 und Segarra 1997, S.7.

[35] Winkelmann, Esther: Assia Djebar. Schreiben als Gedächtnisarbeit. Bonn: Pahl-Rugenstein 2000, S.46, vgl. dazu auch: Djebar, Assia: Du français comme butin. In: Djebar, Assia: Ces voix qui m'assiègent...en marge de ma francophonie. Paris: Albin Michel 1999b, S.70/71. Der Begriff Harem wird nachfolgend nicht im Sinne seiner im europäischen Verständnis oft üblichen erotischen Konnotation gebraucht, sondern in seinem ursprünglichen Sinn, in dem ihn auch Djebar verwendet und nach dem er auf den Innenraum als Ort, der in der muslimischen Raumaufteilung den Frauen zugewiesen ist (arab. haram = verboten), verweist.

s'arrache et tombe d'un coup à ses pieds auparavant devinés, elle se retrouve mendiante accroupie dans la poussière, sous les crachats et les quolibets" (AF, 256).

Dass dies nicht ohne Widerstände vollzogen werden kann, überrascht nicht. Ist die Grundvoraussetzung einer adäquaten Bildung erfüllt, so erfordet das Schreiben einer Frau darüber hinaus vor allem den Mut,[36] sich sozialen Unannehmlichkeiten zu stellen, mit denen sie als Konsequenz ihrer Grenzüberschreitung zu rechnen hat.

Die meisten algerischen Autorinnen schreiben in französischer Sprache.[37] Nicht weniger als die männlichen Autoren in Algerien sehen daher auch sie sich mit den Vorwürfen der „absence d'authenticité, inadéquation avec la société, [...] connivence avec l'Occident et l'ancien colonisateur"[38] konfrontiert. Ihre Auseinandersetzung mit dem Französischen als der Sprache des ehemaligen Kolonisators erscheint jedoch – obwohl sie auch bei den Frauen stattfindet, wie es am deutlichsten das Beispiel Assia Djebars illustriert – weniger problembeladen als die der männlichen Autoren:

> „Im Gegensatz zu ihren männlichen Kollegen, die in tausend Variationen Tragik und Reiz ihrer Situation beschwören, erleben sie, die schreibenden Frauen, die aufgewachsen sind im Schatten jenes Hadîth, das da verlangt [...] *Haltet die Frauen fern von der Schrift!* die französische Sprache weniger als *kollektives Psychodrama* denn als ungeheure Befreiung, als Medium und Chance der Emanzipation: von der Mündlichkeit weg zur Mündigkeit."[39]

Wenn die Autorinnen einerseits vor der Herausforderung stehen, das koloniale Erbe der französischen Sprache aufzuarbeiten, so ermöglicht genau diese ihnen andererseits, mit Traditionen zu brechen, Grenzen zu überschreiten – zu schreiben.[40] Der Vorteil der Freiheit, die das Französische als Schriftsprache bietet, überwiegt für die Autorinnen damit seine problematische Vergangenheit. Als Frauen stünden sie ohnehin vor einer ebenso großen Herausforderung, schrieben sie in arabischer Sprache, denn „[...] l'accès à la parole sacrée est restreint, et parfois même interdit aux femmes."[41]

Thematisch offenbart das Werk der algerischen Autorinnen Gemeinsamkeiten bezüglich der Aufarbeitung historischer Episoden wie insbesondere des Unabhängig-

[36] Vgl. Keil, Regina: Das Paradies zu den Füßen der Mütter...? Über Literaturfrauen und Frauenliteratur im Maghreb. In: Dubost, Jean-Pierre (Hrsg.): Passagers de l'Occident. Maghrebinische Literatur in französischer Sprache. Freiburg: Beck & Günther 1994, S.150.

[37] Vgl. Déjeux 1994, S.35.

[38] Chaulet-Achour 1998b, S.42.

[39] Keil 1994, S.150; Hervorhebungen im Originaltext.

[40] Vgl. Chaulet-Achour 1998b, S.43. Zum ambivalenten Verhältnis Djebars zur französischen Sprache, vgl. auch Kap.3.3.

[41] Segarra 1997, S.18. Vgl. auch Chaulet-Achour 1998a, S.13.

keitskrieges sowie in seiner Konzentration auf den weiblichen Körper, das Paar und seine gesellschaftlichen Probleme.[42] Als charakteristisch erweist sich überdies der Einfluss der oralen Literatur – wie Poesie, Erzählungen, Trauer- und Festtagsgesänge – als traditionelle Domäne weiblicher Kreativität, die die Autorinnen für ihr Werk modifizieren und adaptieren.[43] Das autobiografische Schreiben stellt in seinen Variationen von der direkten Form des Lebensberichtes bis zur weitaus mehr verfremdeten Form des Romans jedoch die in besonderem Maße „[h]erausragende Konstante dieser Literatur"[44] dar.

2.3 Das literarische Werk Assia Djebars

Assia Djebar ist gegenwärtig eine der wichtigsten weiblichen Stimme der algerischen Literatur und nimmt Vorbildfunktion für viele maghrebinische Autorinnen ein.[45] Bedingt durch den beträchtlichen Umfang ihres literarischen Werkes gehört sie darüber hinaus auch zu den bedeutendsten Repräsentanten der frankophonen maghrebinischen Literatur, deren Renommee über die Grenzen des Maghreb hinausreicht. Abgesehen von einem Theaterstück, *Rouge l'Aube*, sowie der Gedichtsammlung *Poèmes pour l'Algérie heureuse*, beide 1969 erschienen, setzt sich Djebars Werk im Wesentlichen aus Romanen sowie einigen Novellensammlungen zusammen. Mit einer frühen Schaffensphase in den 1950er und 1960er Jahren und einer „période des œuvres de la pleine maturité"[46] lässt es sich – stark vereinfacht – in zwei Abschnitte unterteilen, die eine Publikationspause von etwas mehr als zehn Jahren trennt.[47]

Djebars Phase jugendlichen Schreibens umfasst vier Romane, deren ersten, *La Soif*, sie 1957, noch nicht einundzwanzig Jahre alt, publiziert. Die Kritik war ihm nicht wohlgesonnen: Während sie von französischer Seite häufig als algerisches Pendant zu Françoise Sagan wahrgenommen wurde, zu deren Roman *Bonjour Tris-*

---

[42] Vgl. Achour, Christiane: Femmes-écrivains d'Algérie. Corps, gestes, mémoires. In: Toso Rodinis, Giuliana (Hrsg.): Le banquet maghrébin. Rom: Bulzoni 1991, S.55/56.

[43] Vgl. Chaulet-Achour 1998a, S.11 und 13.

[44] Achour, Christiane: Weder Sultanin noch still. Schreibende Frauen aus dem Maghreb. In: Fock, Holger, Martin Lüdke und Delf Schmidt (Hg.): Zwischen Fundamentalismus und Moderne. Literatur aus dem Maghreb. Reinbek: Rowohlt 1994, S.51; vgl. auch Keil 1994, S.151.

[45] Vgl. Achour, 1991, S.45.

[46] Chaulet-Achour 1998b, S.56.

[47] Vgl. Gafaïti 1996, S.163. Muriel Walker betont, dass es sich bei Djebars "silence" nicht um eine wirkliche Pause ihrer literarischen Produktivität gehandelt habe, sondern tatsächlich lediglich um eine Publikationspause, vgl. dazu Walker, Muriel: Femme d'écriture française: la francographie djebarienne. In: EP 48,4 (2008), S.49.

tesse man Parallelen zog, traf Djebar von algerischer Seite vor allem der Vorwurf, sie kümmere sich um Probleme der *Bourgeoisie* anstatt ihr Werk in den Dienst des zu diesem Zeitpunkt akuten nationalen Befreiungskampfes zu stellen.[48] Ebenso zeigte sich die Kritik schockiert ob der ihr für die algerische Gesellschaft unangemessen erscheinenden sexuellen Freizügigkeit, die der Roman an den Tag legte. Mit ähnlichen Kritikpunkten sah sich Djebar auch bezüglich ihres zweiten Romans *Les Impatients* konfrontiert, den sie nur ein Jahr später veröffentlichte und der, ähnlich wie *La Soif*, keinerlei Notiz von der aktuellen politischen Situation nahm, sondern sich ebenfalls auf die individuellen Probleme seiner Protagonisten konzentriert: „[...] les personnages donnent l'impression d'exister tout juste pour alimenter l'intrigue amoureuse.“[49] Ihre Weigerung, politisch Stellung zu beziehen, begründete Assia Djebar später einerseits damit, dass sie ihre literarischen Anfänge als Stilübungen bezeichnete, die sie selbst nicht ernstgenommen habe,[50] andererseits verbat sie sich jedoch auch, Literatur primär als Mittel zur Darstellung gesellschaftlicher Ereignisse zu begreifen:

> „Je me souviens lors de mon premier roman, en 1956, avoir pensé farouchement que, vivant alors en plein les incidents de la guerre d'Algérie, il aurait été indécent de ma part d'utiliser cette vie comme thème. C'était pour moi alors plus que de la politique, plus que de la littérature, oh! bien plus, la vie la plus quotidienne possible. Erreur peut-être? Je n'en sais rien. D'une part, je me méfiais, je me méfie toujours d'une littérature a priori témoignage; d'autre part, parce que j'écrivais en français, je pensais alors que je n'avais à faire entrevoir ‚aux autres‘ qu'une surface de moi et des miens. “[51]

In ihren beiden darauffolgenden Romanen, *Les enfants du nouveau monde* (1962) und *Les alouettes naïves* (1967), lässt sich Djebar allerdings auf ein „engagement nationaliste“[52] ein, zumindest wendet sie sich mit der Thematisierung des Algerienkrieges, der Situation der Frauen in diesem sowie der Flüchtlingsproblematik den zu dieser Zeit aktuellen Ereignissen zu. Obwohl von der Kritik positiv vermerkt,[53] ist es nicht in erster Linie dieser thematische Wandel, der die erste Phase von Djebars literarischem Schaffen als wahrhaft revolutionär auszeichnet, sondern

---

[48] Vgl. u. a. Accad, Evelyne: Assia Djebar's contribution to Arab women's literature: rebellion, maturity, vision. In: WLT 70,4 (1996), S. 801 u.804; Déjeux 1984, S.16; Khatibi 1979, S.62 sowie Walter 1990, S.72.

[49] Chikhi, Beïda: Assia Djebar. Histoire et histoires. In: Chikhi, Beïda: Littérature algérienne: Désir d'histoire et esthétique. Paris: l'Harmattan 1997, S.136.

[50] Vgl. Déjeux 1984, S.16.

[51] Djebar, Assia: Le romancier dans la cité arabe. In: Déjeux, Jean: Assia Djebar. Romancière algérienne, cinéaste arabe. Sherbrooke: Naaman 1984, S.105.

[52] Bonn 1985, S.12.

[53] Vgl. etwa Accad 1996, S.806.

vielmehr die umstrittene „découverte du corps par la femme" sowie die sich ihr anschließende „découverte [...] du couple et de l'amour pour soi-même,"[54] die in der algerischen Literatur zuvor so nicht existiert hatten.

Ihre auf *Les alouettes naïves* folgende lange Publikationspause begründet die Autorin zunächst damit, dass sie mit diesem Roman an einen Punkt gelangt war, an dem sie sich gezwungen sah, auf autobiografische Elemente zurückzugreifen,[55] ihr dies jedoch für eine Frau unschicklich erschien:

> „Dans cette période de non-publication d'une dizaine d'années, j'avais considéré qu'il m'était presque physiquement impossible d'écrire sur ma propre histoire, que, d'une certaine façon, pour une femme, écrire son histoire affective, intime, était d'abord déséquilibrer sa propre vie."[56]

Andererseits spielt auch ihr lange Zeit schwieriges Verhältnis zum Französischen eine Rolle. Problematisch erwies sich die Sprache des ehemaligen Kolonisators für Djebar dabei nicht nur bezüglich ihres Status' als koloniales Machtinstrument, sondern auch durch das ihr inhärente Unvermögen, die spezifisch weiblichen Momente des dialektalen Arabisch, ihrer Muttersprache, in authentischer Weise zu transportieren:

> „Il se déploie un fossé incontournable entre la langue maternelle, l'arabe dialectal, et l'écriture coloniale [...], parce que le français ne lui [Assia Djebar] permet qu'une énonciation extrêmement ambivalente à partir d'un autre lieu, non-français, d'un ailleurs."[57]

Schwierigkeiten eröffnete der Autorin jedoch auch die arabische Hochsprache, in der zu schreiben sie in den 1970er Jahren versucht war. Aufgrund der im maghrebinischen Arabisch herrschenden Diglossie erschien ihr die Hochsprache ungeeignet, das ausschließlich dialektal tradierte weibliche kulturelle Erbe Algeriens zu repräsentieren; durch ihren Status als offizielle Sprache nach der Unabhängigkeit war sie zudem für die Autorin in ähnlichem Maße wie zuvor das Französische zu

---

[54] Déjeux 1978, S.255, vgl. auch Bonn 1985, S.12 und Khatibi 1979, S.62.

[55] Vgl. Djebar, Assia: Pourquoi j'écris. In: Ruhe, Ernstpeter (Hrsg.): Europas islamische Nachbarn Bd.1. Würzburg: Königshausen & Neumann 1993, S.10 sowie Clerc 1997, S.56.

[56] Djebar 1993, S.14. Während ihrer ersten Schaffensphase verwahrte sich Djebar völlig gegen ein autobiografisches Schreiben; ihre Romane deklarierte sie als explizit nicht autobiografisch, vgl. dazu etwa Déjeux 1978, S.252 und Djebar 1993, S.13. Für Djebars Verständnis von Autobiografie siehe Kap.5.3.

[57] Gronemann, Claudia: De l'écriture mise en espace. La subversion du réel par une stratégie métahistorique et transmédiale dans l'œuvre cinématographique d'Assia Djebar. In: Burtscher-Bechter, Beate und Birgit Mertz-Baumgartner (Hg.): Subversion du réel: stratégies esthétiques dans la littérature algérienne contemporaine. Paris: l'Harmattan 2001, S.56.

einem Machtinstrument, einer „langue du discours politique" und „langue du masculin"[58] geworden.

Djebars Bedürfnis, sich ihrer Muttersprache und der traditionellen Welt der algerischen Frauen wieder anzunähern, führt sie zu ihrer Tätigkeit als Filmemacherin. Während ihres literarischen Schweigens entstehen die beiden Filme *La Nouba des femmes du Mont Chenoua* (1978), der sich mit der traditionellen Lebensweise der algerischen Frauen beschäftigt, und *La Zerda et les chants de l'oubli* (1982), in dem Djebar in subversiver Manier koloniales Filmmaterial – französische Reportagen über das indigene Leben in Algerien – aufarbeitet.[59] Die Filme, von denen vor allem *La Nouba* auf Djebars nachfolgendes literarisches Werk thematischen Einfluss nimmt,[60] helfen der Autorin durch ihre eingehende Auseinandersetzung mit den verschiedenen ihr zur Verfügung stehenden Sprachen, sich wieder an das Französische als Schriftsprache anzunähern und führen sie auf den Weg der literarischen Publikation zurück.[61]

Die Novellensammlung *Femmes d'Alger dans leur appartement* (1980)[62] läutet Djebars zweite Publikationsphase ein, die weniger einen thematischen Neuanfang bedeutet wie eine veränderte Annäherung der Autorin an die zentralen Themen ihres Werkes: Anstatt die individuellen Emanzipationsbestrebungen und die persönliche Suche nach Glück einzelner Protagonistinnen nachzuzeichnen, konzentriert sich Djebar nunmehr auf das Kollektiv, in dem algerische Frauen traditionell leben, und beleuchtet die Rolle, die sie in der Geschichte ihres Landes spielen. Besonders deutlich tritt Djebars neuer Ansatz erstmals in *L'Amour, la fantasia* (1985) zutage:

---

[58] Djebar 1993, S.15.
[59] Zu Djebars filmischem Werk vgl. Bensmaïa, Reda: La Nouba des femmes du Mont Chenoua: introduction à l'œuvre fragmentale cinématographique. In: Niang, Sada (Hrsg.): Littérature et cinéma en Afrique francophone. Ousmane Sembène et Assia Djebar. Paris: l'Harmattan 1996, S.161-177, Gronemann 2001a und Gronemann, Claudia: Die transmediale Strategie im filmischen Werk Assia Djebars. In: Ruhe, Ernstpeter (Hrsg.): Assia Djebar. Würzburg: Königshausen & Neumann 2001b, S.189-200.
[60] Das *Oral History*-Material der Tonbandaufnahmen, die *La Nouba* zugrunde liegen, lässt Djebar sukzessive in die Werke ihrer zweiten Publikationsphase einfließen, so etwa die Lebensberichte der von ihr interviewten Frauen in *Femmes d'Alger dans leur appartement* und *L'Amour, la fantasia* und den Bericht über eine während des Krieges verschwundene Freiheitskämpferin in *La Femme sans sépulture*. Die Dreharbeiten zum Film thematisiert sie in *Vaste est la prison*.
[61] Vgl. u. a. Chikhi, Beïda: Les romans d'Assia Djebar. Algier: Office des Publications universitaires 1990, S.37, Gronemann 2001a, S.56/57 und Huughe, Laurence: Ecrire comme un voile: the problematics of the gaze in the work of Assia Djebar. In: WLT 70, 4 (1996), S.869.
[62] Die um eine Novelle erweiterte Ausgabe von *Femmes d'Alger dans leur appartement* erschien 2002.

„ [...] avec *L'amour, la fantasia* [sic!] s'affirme un autre regard et se prononce une autre voix: ceux d'une écrivaine qui, arrivée au sommet de son art et servie par une lucidité corrosive, non seulement confronte sa société mais aussi énonce sans ambiguïté ses choix face à elle. Quels sont ce regard et cette voix? Je devrais dire plutôt *ces* regards et *ces* voix, car à partir d'un certain seuil, la vision et la parole de la romancière se fondent, par la conscience solidaire et le travail littéraire, dans celles des autres femmes, de toutes les femmes pour avant tout *se* dire. "[63]

Mit dem Roman, der als „évènement"[64] der algerischen Literatur angesehen wird, nimmt ein mehrere Romane umfassendes autobiografisches Projekt und gleichermaßen Kernstück des Werkes der Autorin, das von ihr selbst als *Quatuor algérien* bezeichnet wird, seinen Auftakt. Ähnlich wie zuvor bei ihren Filmen handelt es sich beim Schritt zu dieser Autobiografie um „a writing project to reestablish links with the maternal world from which she felt distanced [...] when she first grasped her father's hand to walk with him to school."[65] Den zweiten Teil dieser Tetralogie bildet *Ombre Sultane* (1987), dem in Anspielung auf das Verhältnis, das Scheherazade, die geschichtenerzählende Sultanin aus *Tausendundeiner Nacht*, mit ihrer Schwester Dinarzade verbindet, das Thema der schwesterlichen und weiblichen Solidarität zugrunde liegt. Damit knüpft *Ombre Sultane* augenscheinlich nicht an *L'Amour, la fantasia* und die Aufarbeitung der Kolonisierung an. Erst mit dem dritten Teil der Tetralogie, *Vaste est la prison* (1995), scheint ein direktes Verknüpfungsmoment zu den beiden anderen Teilen gegeben: Ähnlich wie in *L'Amour, la fantasia* widmet sich die Autorin auch in *Vaste est la prison* der Aufarbeitung historischer Quellen, andererseits schafft *Vaste est la prison* durch die gleichnamige Erzählerin Isma und den *Hammam* als traditionell weiblichen Ort, in dem *Ombre Sultane* endet und *Vaste est la prison* beginnt,[66] auch eine Verbindung zum zweiten Teil des *Quatuor algérien*. Während die drei Romane von der Autorin explizit ihrer Tetralogie zugeordnet werden, kann hinsichtlich des vierten Teils nur spekuliert werden: Sollte seine Publikation nicht noch ausstehen, so könnte Djebars bislang letzter Roman *Nulle part dans la maison de mon père* (2007) als Fortsetzung und Abschluss ihres autobiografischen Projekts angesehen werden.[67]

---

[63] Gafaïti 1996, S.165; Hervorhebungen im Originaltext.

[64] Chikhi 1990, S.9.

[65] Mortimer, Mildred: Assia Djebar's Algerian Quartet: a study in fragmented autobiography. In: RAL 28, 2 (1997), S.102.

[66] Vgl. dazu Gracki, Katherine: Writing violence and the violence of writing in Assia Djebar's Algerian Quartet. In: WLT 70,4 (1996), S.840 und Mortimer 1997, S.108.

[67] Djebar, Assia: *Nulle part dans la maison de mon père*. Paris: Actes Sud 2007. Für nähere Ausführungen siehe Fußnote 1, zum djebarschen Autobiografie-Verständnis vgl. Kap. 5.3.

Daneben hat sich die Autorin auch anderen Projekten zugewandt: Mit *Loin de Médine* erscheint 1991 ein Roman, der die zentralen weiblichen Gestalten der Anfangszeiten des Islam aus dem Umfeld des Propheten Mohammed beleuchtet. Angesichts des algerischen Bürgerkriegs der 1990er Jahre sah – ähnlich vielen anderen Autoren – auch Djebar sich gezwungen, Position zu beziehen. Ihre Auseinandersetzung mit der Gewalt in Algerien erfolgte zunächst in *Chronique d'un été algérien* (1993), etwas später jedoch auch in einer Stellungnahme zum Tod zahlreicher Intellektueller, *Le Blanc de l'Algérie* (1996) „balançant entre le récit de témoignage et l'essai",[68] sowie in der Novellensammlung *Oran, langue morte* (1997). Etwa zur selben Zeit erscheint der Roman *Les Nuits de Strasbourg* (1997). In *La femme sans sépulture* (2002) greift Djebar mit der „exploration du rapport entre la condition des femmes et l'Histoire"[69] erneut ein Thema auf, das ihr bereits in früheren Werken ein zentrales Anliegen war, wogegen sich in *La Disparition de la langue française* (2003) die Handlung entgegen sonstiger Gewohnheiten der Autorin um einen männlichen Protagonisten konstruiert.

---

[68] Gafaïti, Hafid: La diasporisation de la littérature postcoloniale. Assia Djebar, Rachid Mimouni. Paris: l'Harmattan 2005, S.173.
[69] Gafaïti 2005, S.190.

3 Assia Djebars Werk im Kontext postkolonialer Literatur

Die Einordnung von Literatur in ein „concept de postcolonialité"[70] ergibt zu Beginn des 21. Jahrhunderts wenig Sinn. Diese Einschätzung trifft Gafaïti vor dem Hintergrund der einerseits starken medialen Verknüpfungen (wie dem Internet) und der daraus resultierend nur noch schwer definierbaren kulturellen Grenzen, die paradigmatisch das Leben der Gegenwart kennzeichnen, sowie der andererseits partikulären Situation des ehemals kolonisierten Schriftstellers, der, wie es für zahlreiche algerische Autoren der Fall ist, fernab der in seinem Heimatland ansässigen Leserschaft im Exil lebt und produziert. Das Werk Assia Djebars im Kontext postkolonialer Literatur zu situieren, erscheint nichtsdestotrotz wünschenswert, wenn nicht gar notwendig. Allein durch die Lebensumstände der Autorin, die im kolonisierten Algerien aufwuchs und ihre Ausbildung durch das koloniale Schulsystem erhielt, steht sie in stetiger Auseinandersetzung mit den Widersprüchen des kolonialen Erbes, das ihr ihre Erziehung mitgegeben hat, und ihrer Zugehörigkeit zu zwei unterschiedlichen und oft widersprüchlichen kulturellen Traditionen. Die kulturelle Hybridität, die Djebars Biografie zugrunde liegt, kann auch für ihr Schreiben nicht ohne Auswirkungen bleiben. Ihr Werk ist somit zwar nicht postkolonial im Sinne eines Frantz Fanon oder Albert Memmi, für die Kolonisator und Kolonisierter in binärer, manichäischer[71] Opposition zueinander stehen.[72] Sehr wohl als postkoloni-

---

[70] Gafaïti 2005, S.139.

[71] Vgl. Donadey, Anne: Recasting postcolonialism. Women writing between worlds. Portsmouth, NH: Heinemann 2001, S.xxii.

[72] Memmis Denken bietet keine Alternative zu „colonisateur" und „colonisé" i.d.S. dass jeder, der mit der Kolonisierung in Berührung gekommen ist, notwendigerweise einer der beiden Kategorien angehört, die zu überwinden er nicht in der Lage ist. Die einzige Möglichkeit, zu einer eigenen kulturellen Identität zurückzufinden (dies schließt auch die Sprache ein, in der eine Literaturproduktion erfolgt), kann für den Kolonisierten daher nur in der Ablehnung des Kolonisators und der Abschaffung dieser Kategorien bestehen, was durch Revolution zu bewerkstelligen ist, vgl. dazu Memmi 2001. Für Fanon fungiert der Schriftsteller in erster Linie als „réveilleur du peuple". Seine Aufgabe ist es demzufolge, sich in den Dienst des nationalen Befreiungskampfes zu stellen, vgl. Fanon 1968, S.154 und S.163ff; zu Fanons Positions siehe auch Amuta, Chidi: Fanon, Cabral, Ngugi on national liberation. In: Ashcroft, Bill, Gareth Griffins und Helen Tiffin (Hg.): The postcolonial studies reader. Theory and practice in post-colonial literatures. London, New York: Routledge 1995, S.160. Ein solches Engagement trifft für Assia Djebar zumindest hinsichtlich ihres literarischen Werkes nicht zu, vgl. auch Kap.2.3. Fanons und Memmis Theorien der binären Oppositionen sind im Kontext der historischen Konfigurationen ihrer Entstehungszeit während des algeri-

al zu verstehen ist es dagegen nach der moderneren Definition des Terminus von Ashcroft, Griffins und Tiffin:

> „We use the term post-colonial, however, to cover all the culture affected by the imperial process from the moment of colonization to the present day. This is because there is a continuity of preoccupations throughout the historical process initiated by European imperial aggression."[73]

Da diese sehr weitreichende Definition nicht nur die während der Kolonialzeit und vor Beginn konkreter nationaler Befreiungsbestrebungen produzierte Literatur einschließt, sondern „almost any literature, from any time period and any area of the world",[74] birgt sie die Gefahr, typische Merkmale, die speziell die im engeren Sinne postkolonialen Literaturen[75] auszeichnen, verschwimmen zu lassen. Donadey plädiert aus diesem Grund für eine engere Definition des Begriffes und hat anhand ihrer Untersuchungen von Assia Djebars und Leïla Sebbars Werken wichtige Charakteristika herausgearbeitet, die ihrer Auffassung nach spezifisch für postkoloniale Literaturen stehen. Als solche lassen sich eine weithin praktizierte Intertextualität, ein subversives Aufarbeiten, fiktives Ergänzen und anschließendes Neuschreiben von kolonial dokumentierter Geschichte, eine durch die Einarbeitung muttersprachlicher Elemente spezifische Aneignung der kolonialen Sprache sowie ein besonderes Verhältnis postkolonialer Autoren zur Autobiografie ausmachen.[76] Alle diese Faktoren integrierend wohnt den postkolonialen Literaturen darüber hinaus noch ein weiteres Charakteristikum inne: Das ihrer Hybridität, ihrer „in-between spaces",[77] die auf unterschiedlichen Ebenen anzutreffen sind. Hybrid sind solche Literaturen damit nicht nur bezüglich der kulturellen Identitäten, die sie reflektie-

---

schen Unabhängigkeitskrieges bzw. zum Zeitpunkt der tunesischen Unabhängigkeit zu sehen, was sie mehr zu antikolonialen als zu postkolonialen Konzepten macht, vgl. Donadey 2001, S.xxiv.

[73] Ashcroft, Bill, Gareth Griffins and Helen Tiffin: The Empire writes back. Theory and practice in post-colonial literatures. New York: Routledge ²2002, S.2.

[74] Donadey 2001, S.xxi.

[75] „Im engeren Sinne postkolonial" bezieht sich hier auf die literarische Produktion nach der Unabhängigkeit bzw. während des Kampfes um die Unabhängigkeit in Ländern, in denen der kulturelle Einfluss der ehemaligen Kolonialmacht gegenwärtig noch als problematisch wahrgenommen wird.

[76] Vgl. Donadey 2001, S.143/144.

[77] Bhabha, Homi K.: Introduction. Locations of culture. In: Bhabha, Homi K.: The location of culture. London, New York: Routledge 1995a, S.1. Bhabha vertritt die These, dass postkoloniale Kulturen zwangsläufig hybrid sind, da es infolge der unterschiedlichen kulturellen Einflüsse, denen ein kolonisiertes Land unterlag (und gegenwärtig auch mehr und mehr der Globalisierung geschuldet), keine homogenen Nationalkulturen mehr geben kann, vgl. Bhabha 1995a, S.2 und 5 sowie Ashcroft et al. 2002, S.32ff; zur Hybridität postkolonialer Literaturen vgl. auch Donadey 2001, S. xxii ff und Tiffin, Helen: Post-colonial literatures and counter-discourse. In: Ashcroft, Bill, Gareth Griffins and Helen Tiffin (Hg.): The post-colonial studies reader. Theory and practice in post-colonial literatures. London, New York: Routledge 1995, S.95.

ren, ihrer Sprache, ihrer Gattungen und Strukturen, sondern ebenso hinsichtlich ihrer Opposition zu bestehenden Machtstrukturen jeglicher – und damit nicht nur kolonialer – Art:

> „[...] postcolonial literature [in Opposition zu antikolonialer Literatur] foregrounds a world in which the battle lines are harder to draw and the enemy harder to identify, a world in which dualisms of any sort cannot be sustained easily. The literature underscores the fractures in the great narratives of decolonization; it begins to effect a slippage away from the (former) colonizer as its main target and instead returns to a multiplicity of struggles. The hopes of nationalism giving way to disillusion and/or corruption, the forces of cultural imperialism and neo-colonialism, continuing economic hardships, the spread of religious fundamentalism, and women's issues. The mark of the postcolonial, then, is the blurring of neat, dichotomous boundaries [...]."[78]

Solche beständig ambivalenten Positionen sind auch in Assia Djebars Werk vorhanden. Obwohl die Autorin größtenteils außerhalb Algeriens lebt und trotz der immer weniger deutlich auszumachenden kulturellen Grenzen, ist es damit im Sinne dieser Hybridität oder auch des „Third Space of enunciation, which makes the structure of meaning and reference an ambivalent process"[79] als postkolonial zu verstehen.

3.1 Vaste est la prison als hybride Schreibweise

Bereits ihre Entscheidung für das Französische als Schriftsprache lässt Assia Djebars Werke zu hybriden Konstruktionen gedeihen, da in ihnen ein zumeist nichtfranzösisches Umfeld präsentiert wird, dessen kulturelle Gegebenheiten das Französische nicht immer ohne Schwierigkeiten wiederzugeben vermag[80], und in dem vorwiegend Personen zu Wort kommen, deren Muttersprache weder Französisch ist, noch die sich in französischer Sprache artikulieren. Hybridität findet sich darüber hinaus auch in ihrer Wahl der Gattung[81] wieder: Weder Novelle noch Roman

---

[78] Donadey 2001, S.xxv.

[79] Bhabha, Homi K.: The commitment to theory. In: Bhabha, Homi K.: The location of culture. London, New York: Routledge 1995b, S.37.

[80] Auf diese Problematik macht bereits Merad aufmerksam, vgl. Merad 1976, S. 147ff, sie gilt insbesondere für das weibliche Arabisch, vgl. auch Kap.2.3.

[81] Hybride oder postkoloniale Elemente in Assia Djebars Werk werden in der vorliegenden Arbeit nur unter dem Aspekt der Dekonstruktion der traditionellen Romanform, ihres Geschichtsverständnisses sowie ihres Verhältnisses zur französischen Sprache untersucht. Die von Donadey erwähnte Intertextualität als Konstante postkolonialer Literatur bleibt – sofern nicht im Kontext anderer Konstanten postkolonialer Literatur thematisiert – unberücksichtigt; zur Autobiografie siehe Kap.5.3.

gehören dem traditionellen Kanon algerischer Literatur an.[82] Besonders der Roman, wie er nach der Unabhängigkeit der Maghrebländer in ihrer frankophonen Literatur auf den Plan tritt, ist ein „genre littéraire importé" und überdies das „genre littéraire occidental par excellence",[83] dessen Herausbildung in Europa mit der Industrialisierung, dem bürgerlichen Zeitalter oder dem Gedankengut der liberalen Marktwirtschaft und des damit verbundenen Individualismus einhergeht.[84] Ashcroft et al., die von der unabwendbaren Hybridität postkolonialer Kulturen ausgehen, argumentieren deshalb, dass Romane, die im Kontext dieser Kulturen entstehen, selbst wenn in der Muttersprache – in Djebars Kontext also Arabisch – verfasst, allein durch die Adoption des europäischen Genres hybrid sind.[85] Eine solche Einschätzung erscheint im Falle Assia Djebars allerdings irrelevant, da die Werke ihrer zweiten Publikationsphase, die sie selbst als Romane bezeichnet, im Gegensatz zu denjenigen ihrer früheren Publikationsphase ohnehin keine „roman[s] de facture classique"[86] sind, sondern in ihrer komplexen Zusammensetzung vielmehr „Hybrid[e] aus autobiographischen Elementen, Transkription, Quellenarbeit, literarischem Schaffen und historischem Kommentar"[87] darstellen. Ein solches ist auch *Vaste est la prison*, „texte éclaté aux multiples interférences génériques et discursives",[88] in dem sich Fiktion, autobiografische Elemente, historische Episoden aus dem Maghreb vorislamischer Zeit und Forschungs- und Reiseliteratur des 17. bis 19. Jahrhunderts mit Teilen eines Drehtagebuchs zu Djebars Film *La Nouba des femmes du Mont Chenoua* mischen. Ein Grund, aus dem die Autorin ein heterogenes Konstrukt wie *Vaste est la prison* als Roman deklariert, ist wohl der, dass die Gattung Roman stets in Verbindung mit Fiktion steht, und diese dem Autor größere Freiheiten – etwa bezüglich historischer Wahrheiten – erlaubt.[89] Dies lässt die Autorin bereits im Vorwort zu *Loin de Médine* anklingen: „J'ai appelé ,roman' cet ensemble de récits, de scènes, de visions parfois, qu'a nourri en moi la lecture de

---

[82] Vgl. Merad 1976, S.49.

[83] Khatibi 1979, S.14. Für Julia Kristeva reflektiert der Roman die spezifische Form okzidentalen Denkens, vgl. Kristeva, Julia: Le texte du roman. Den Haag, Paris, New York: Mouton Publishers 1970, S.188/189.

[84] Vgl. Khatibi 1979, S.14 sowie Vogt, Jochen: Aspekte erzählender Prosa. Eine Einführung in Erzähltechnik und Romantheorie. Opladen, Wiesbaden: Westdeutscher Verlag [8]1998, S.223 und Goldmann, Lucien: Zur Soziologie des Romans. In: Hillebrand, Bruno (Hrsg.): Zur Struktur des Romans. Darmstadt: Wissenschaftliche Buchgesellschaft 1978, S.222 und 231.

[85] Vgl. Ashcroft et al. 2002, S.29.

[86] Djebar 1993, S.10.

[87] Schuchardt, Beatrice: Schreiben auf der Grenze. Postkoloniale Geschichtsbilder bei Assia Djebar. Köln, Weimar, Wien: Böhlau 2006, S.174.

[88] Ndiaye, Christiane: Récits des origines chez quelques écrivaines de la francophonie. In: EF 40,1 (2004), S.51.

[89] Vgl. Accad 1996, S.810.

quelques historiens des deux ou trois premiers siècles de l'Islam (Ibn Hicham, Ibn Saad, Tabari)."[90] Andererseits bezeichnet der Roman jedoch auch schlicht „die Großform literarischen Erzählens, die sich durch Umfang und innere Komplexität von den epischen Kleinformen [...], durch Verwendung der Prosa aber vom großformatigen Epos [...] abhebt."[91] Als Gattung, die sich als „ungenormt im Sinne von Regeln, strengen Schemata, gebundenen Redeweisen"[92] versteht, verspricht er dem Autor doch die größtmögliche formale Freiheit und erlaubt damit auch postkolonialen Schreibweisen wie der Assia Djebars, sich als Romane zu kategorisieren.

Vaste est la prison offenbart sich jedoch nicht allein durch die komplexe Verknüpfung der verschiedenen im Roman enthaltenen Gattungen als postkoloniale hybride Schreibweise, sondern ebenso hinsichtlich seiner inneren Struktur. Diese gestaltet sich im Sinne einer Dekonstruktion der traditionellen Romanform weder chronologisch, noch scheinen ihre einzelnen Teile auf den ersten Blick in einem inneren Zusammenhang zu stehen. Neben dem Prolog *Le silence de l'écriture* gliedert sich *Vaste est la prison* in vier Teile.[93] Im Prolog schildert die Ich-Erzählerin Isma einen Besuch im *Hammam* mit ihrer Schwiegermutter, bei dem sie feststellen muss, dass algerische Frauen ihre Ehemänner gewohnheitsmäßig als „ennemi" (VP, 13) bezeichnen. Der erste Teil, *L'effacement dans le cœur*, beschreibt die sich auf platonischem Niveau abspielende Liebesgeschichte zwischen der Ich-Erzählerin und einem jüngeren Mann, an deren Ende die Trennung von ihrem Ehemann und ihr Aufbruch in ein neues Leben – jedoch auch nicht an der Seite des „Aimé" – stehen. Er endet mit einem letzten, zufälligen Wiedersehen mit und dem endgültigen Abschied von dem nunmehr „autre fois aimé"[94] in Paris. Von dieser finalen Episode abgesehen, folgt der Erzählstrang innerhalb von *L'effacement dans le cœur* keiner chronologischen Ordnung. So platziert sich die glückliche Neuorientierung der Erzählerin, „[r]éveillée, lavée, surgie comme d'une longue maladie" (VP, 21), ihr Bewusstwerden über die neugewonnene emotionale Unabhängigkeit, gleichsam als Auftakt bereits im ersten Kapitel. Erst die sich zwischen Auftakt und Abschluss befindlichen Kapitel, in denen das Kennenlernen sowie Situationen beabsichtigten oder auch zufälligen Zusammentreffens des imaginären Paares bruch-

---

[90] Djebar, Assia: *Loin de Médine*. Paris: Albin Michel 1991, S.5.
[91] Vogt 1998, S.221.
[92] Hillebrand, Bruno: Theorie des Romans. Bd.1 Von Heliodor bis Jean Paul. München: Winkler 1972, S.18.
[93] Diese sind im Roman gekennzeichnet mit den Ziffern I-IV, während der Prolog in der Nummerierung außen vor bleibt.
[94] Djebar, Assia: *Vaste est la prison*. Paris: Albin Michel 2005, S.114. Bibliografische Verweise auf Zitate aus dem Roman werden nachfolgend im fortlaufenden Text angegeben.

stückhaft auf den Plan treten, erlauben dem Leser, den Ablauf der Liebesgeschichte zu rekonstruieren.

Auf das letzte Zusammentreffen von Erzählerin und „Aimé" an der *Gare Montparnasse* erfolgt ein abrupter Übergang zum zweiten Teil des Romans, *L'effacement sur la pierre*, der, obwohl der Titel Parallelen anklingen lässt, keineswegs an die im ersten Teil erzählte Geschichte anknüpft. Vielmehr thematisiert er die Wiederentdeckung des über lange Zeit verloren geglaubten Berberalphabets (*Tifinagh*) im 19. Jahrhundert und greift damit auf historische Begebenheiten zurück: Erwähnung finden in diesem Zusammenhang verschiedene wissenschaftlich interessierte europäische Reisende. Sie alle besuchen die Ruinen des sich im heutigen Tunesien befindlichen Dougga und entdecken dort unter anderem eine Stele, die zweierlei Inschriften in sich vereint, von denen sie eine relativ schnell als punisch ausmachen, wohingegen die andere, „un vieil africain" (VP, 135), Rätsel aufgibt. Erst in der zweiten Hälfte des 19. Jahrhunderts wird diese Inschrift, von der angenommen wurde, sie zeuge vom „alphabet disparu" einer „langue perdue" (VP, 144), mit Hilfe bekannter Orientalisten als Alphabet der berberischen und damit einer bis in die Gegenwart gesprochenen Sprache entziffert. *L'effacement sur la pierre* vollzieht so zunächst die über viele Umwege verlaufende Wiederentdeckung des *Tifinagh* nach, das – da von den Touareg konstant weiterbenutzt – nie wirklich verloren gegangen war, um sich anschießend mit der Zerstörung Karthagos einer wesentlich weiter zurückliegenden historischen Epoche zuzuwenden, in die der Aufbau der Stele fällt. Ein Traum der Erzählerin, in dem diese in einer Kombination aus den Ergebnissen archäologischer Ausgrabungen und Elementen aus dem kollektiven Gedächtnis der Touareg die Reise der Berberprinzessin Tin Hinan in die Tiefen der Sahara nachvollzieht, beschließt den zweiten Teil von *Vaste est la prison*. Auf dieser Reise, so folgert sie in ihrem Traum, hat Tin Hinan wohl das *Tifinagh*-Alphabet mit sich fortgetragen, da es – obwohl zu Zeiten Jugurthas im gesamten Maghreb verbreitet – nur tief in der Wüste bei den Touareg lebendig geblieben ist.

Un silencieux désir, der dritte Teil des Romans, führt schließlich zunächst zu den Ursprüngen weiblichen Schreibens in Algerien zurück und findet in der Figur Zoraida aus Cervantes' Roman *Don Quichotte* „la première Algérienne qui écrit" (VP, 168). An dieser, ebenso wie an der Berberprinzessin Tin Hinan, macht sich gleichzeitig auch der Beginn einer langen Tradition von „fugitives" – Frauen, die einerseits physisch mobil sind und die es andererseits wagen, gesellschaftliche Konventionen über Bord zu werfen, wo dies nötig erscheint – fest. Einerseits bildet die Genealogie der „fugitives" das zentrale Element von *Un silencieux désir*, andererseits thematisiert die Erzählerin ebenso Erfahrungen, die sie bei den Dreharbeiten zu einem Film gemacht hat. Die beiden Erzählstränge begegnen sich in kontinuierlich alternierenden Kapiteln, sodass der Erzählfluss stetig unterbrochen wird. Kapitel, die mit dem Titel *Femme arable* bedacht sind, beziehen sich dabei auf die Dreharbeiten, während diejenigen, die die Genealogie der „fugitives" zum Thema haben, mit *Mouvement* überschrieben sind.

Der letzte Teil des Romans, *Le sang de l'écriture*, nimmt als Epilog Bezug auf den Terror des algerischen Bürgerkriegs der 1990er Jahre, aus dessen Anlass *Vaste est la prison* nach Aussage der Autorin überhaupt erst entstanden ist.[95]
Die vier bzw. fünf Teile des Romans behandeln sehr unterschiedliche Themen und scheinen in keinem direkten Zusammenhang zu stehen. Die Kapitel, die auch innerhalb der einzelnen Teile von *Vaste est la prison* keinem chronologischen Aufbau folgen, verstärken diesen Eindruck zusätzlich. Eine Verbindung zwischen ihnen lässt sich jedoch einerseits in thematischer Hinsicht herstellen: Als „clés de lecture" führt Calle-Gruber Djebars Verhältnis zur französischen Sprache und ihr „désir d'écriture"[96] an. Ndiaye macht demgegenüber als grundlegende Themen, die die einzelnen Partien von *Vaste est la prison* miteinander verbinden, die Suche nach einer verlorenen Sprache – des Berberischen im zweiten und dritten Teil und des Arabischen, das dem „Aimé" als Muttersprache fehlt, im ersten Teil des Romans – sowie die den gesamten Roman durchziehenden Transgressionen der unterschiedlichen Figuren aus:

> „La cohérence de ces récits en apparence disparates apparaît lorsqu'on examine la partie centrale: il s'agit effectivement d'une réécriture de l'histoire précoloniale du Maghreb où ne paraissent que des personnages et des évènements qui s'organisent selon deux isotopies principales qui sous-tendent également les autres séquences du roman: La quête d'une langue perdue et le principe de ‚passer les frontières.'"[97]

Andererseits entpuppt sich auch die Figur der Erzählerin als verbindendes Element aller Romanteile. Isma, deren Name zwar nur an wenigen Stellen (VP, 228 und 313-319) auftaucht, zeigt sich als Ich-Erzählerin in jedem der Teile präsent: In *Le silence de l'écriture* sowie in *L'effacement dans le cœur* fungiert sie als zentrale Figur, während sie in *L'effacement sur la pierre* zunächst gänzlich abwesend scheint, bis sie im letzten Kapitel, ihrem Traum von der Prinzessin Tin Hinan,

---

[95] Vgl. Djebar 1997, S.18.

[96] Calle-Gruber, Mireille: Résistances de l'écriture ou l'ombilic de l'œuvre. A propos de Vaste est la prison d'Assia Djebar. In: Hornung, Alfred und Ernstpeter Ruhe (Hg.): Postcolonialisme & autobiographie. Albert Memmi, Assia Djebar, Daniel Maximin. Amsterdam, Atlanta: Rodopi 1998, S.140.

[97] Ndiaye 2004, S.52.

plötzlich wieder auftaucht. In *Un silencieux désir* kehrt Isma besonders in den Kapiteln um die *Femmes arables* als zentrale Figur zurück, bleibt neben den anderen Frauen ihrer Familie, deren Lebensgeschichten sie nachvollzieht, jedoch auch in den Kapiteln, die mit *Mouvement* übertitelt sind, im Mittelpunkt des Geschehens. Im Epilog *Le sang de l'écriture* ist sie schließlich präsent, indem sie im Hinblick auf die Ermordung von Intellektuellen in Algerien die Frage nach dem Sinn des Schreibens im Angesicht der Gewalt aufwirft.

Doch nicht allein Ismas Präsenz als Erzählerin stellt eine Kohärenz zwischen den einzelnen Teilen her, sondern auch ihre Lebensgeschichte, die bruchstückhaft immer wieder in allen Teilen des Romans zutage tritt, sorgt dafür, dass Verbindungen hergestellt werden können. Einzelne Informationen über diese Lebensgeschichte, die dem Leser bekannt sind, weil sie bereits an früherer Stelle im Roman Erwähnung finden, werden wiederaufgegriffen und flüchtig in den Erzählfluss eingestreut, sodass die Bruchstücke sich schließlich zu einem Ganzen zusammenfügen. Zu solchen gehören Ismas Wiedersehen mit ihrer ehemaligen Schwiegermutter, bei dem sie sich an ihre gemeinsamen Besuche im *Hammam* erinnert (VP, 326) und der Rat an ihre Tochter, keine Stelle als Lehrerin in der Heimatstadt des Vaters anzunehmen, wo die Frauen ihre Ehemänner als „ennemi" (VP, 320) bezeichnen. Sorgen diese Informationen dafür, dass die Erzählerin von *Un silencieux désir* mit der des Prologs *Le silence de l'écriture* identifiziert werden kann, so wird deutlich, dass es sich bei der Erzählerin der *Mouvements* in *L'effacement dans le cœur* ebenfalls um dieselbe Figur handeln muss, da sie auf ihre im ersten Teil des Romans thematisierte Trennungsgeschichte auch im dritten Teil mehrfach verweist: So spricht die Tante, bei der Isma vorübergehend wohnt und mit der gemeinsam sie die Lebensgeschichte der Großmutter rekapituliert, sie auf die Trennung von ihrem Ehemann an (VP, 212) und auch Ismas Mutter sorgt sich um den Ablauf der Scheidung (VP, 305). Die Verbindung zwischen der Filmregisseurin und der Erzählerin des ersten Romanteils wird über die Figur des Fotografen Julien hergestellt, der im Zusammenhang seiner Mitarbeit am Filmprojekt auftaucht (VP, 174), jedoch bereits in *L'effacement dans le cœur* Erwähnung findet (VP, 111).

3.2 Die Subversion historischer Quellen – Assia Djebars Verständnis von Geschichtsschreibung

Als eine der Konstanten postkolonialer Literaturen macht Donadey die Subversion – das erneute Lesen und anschließende Umschreiben – offizieller Geschichtsschreibung aus.[98] Eine solche, in diesem Kontext von den kolonialen Institutionen unternommene Geschichtsschreibung kann sich notwendigerweise nicht objektiv gestalten, da sie dazu diente, den jeweiligen Herrschaftsanspruch einer europäischen Großmacht gegenüber den von ihr kolonisierten Ländern zu legitimieren.[99] Mehr als historische Wahrheiten zu transportieren nimmt sie deshalb einen spezifisch okzidentalen Blickwinkel auf das ein, was Edward Said unter Orient versteht und was er in ausführlicher Weise zu dekonstruieren unternommen hat. Der Orient, für Said ohnehin „fast eine europäische Erfindung",[100] designiert nicht allein die geografische oder auch kulturelle Eingrenzung eines bestimmten Gebietes, vielmehr ist er „ebenso wie der Westen selbst eine Idee, die eine Geschichte besitzt und eine Tradition als Denkweise, Bildwelt sowie Vokabular und für die es eine Realität und Präsenz im und für den Westen gibt."[101] Diese Idee nennt er Orientalismus und definiert sie als:

> „[...] eine Art mit dem Orient umzugehen, die sich auf den besonderen Ort gründet, den der Orient in der westlichen Erfahrung einnimmt. Der Orient ist nicht nur Europa benachbart, er ist auch der Ort der größten, reichsten und ältesten Kolonien Europas, die Quelle von Europas Zivilisationen und seiner Sprachen, seines kulturellen Wettkampfes und eines seiner ältesten und am häufigsten wiederkehrenden Bilder des Anderen."[102]

In Saids Verständnis beschränkt sich der Orientalismus damit nicht speziell auf die akademische Disziplin, die er auch war und als die er noch immer existiert, sondern muss genereller als „Zeichen europäisch-atlantischer Macht über den Orient verstanden werden."[103] Orientalistische Sichtweisen entfalten von ihrer Rezeption in der Literatur bis hin zur Politik in allen Bereichen okzidentalen Denkens und Schreibens ihre Wirkung. Ganz besonders deutlich tritt dies in der kolonialen Geschichtsschreibung zutage. Aus diesem Grund bestehen eine Aufgabe und zugleich eine Herausforderung postkolonialer Literatur darin, diese als orientalistisch zu entlarven, ihren einseitig okzidentalen Blickwinkel zu dekonstruieren und historische Begebenheiten aus der Sicht der Kolonisierten zu präsentieren.

---

[98] Vgl. Donadey 2001, S.143.
[99] Auf die „Allianz zwischen Herrschaft und Gedächtnis" verweist auch J. Assmann. Tradiert (dies schließt auch ein Archivieren ein) und demzufolge erinnert werden in einem solchen Kontext nur die Fakten, die der Herrschaftssicherung dienen, vgl. Assmann, Jan: Das kulturelle Gedächtnis. Schrift, Erinnerung und politische Identität in frühen Hochkulturen. München: Beck 1999, S.70/71.
[100] Said 1981, S.8.
[101] Said 1981, S.12.
[102] Said 1981, S.8.
[103] Said 1981, S.13.

Einem solchen Projekt widmet sich Assia Djebar, selbst Historikerin, in ihrer zweiten Publikationsphase. Mildred Mortimer sieht Djebar in der direkten Tradition Saids, da sie sich dessen Strategie des „contrapuntal reading"[104] für die eigene literarische Produktion aneignet. Indem Djebar jedoch historische Quellen anstelle literarischer Werke auf orientalistisches Gedankengut durchforstet und zudem als Schauplatz das postkoloniale Algerien wählt, weicht sie von dem Kontext ab, in dem Said seine Methode ursprünglich angewandt hatte. Die zentrale Idee, die Saids *Orientalismus* (bzw. dessen Fortsetzung *Kultur und Imperialismus*) zugrunde liegt, sieht Mortimer dadurch nicht in Frage gestellt, die Autorin nimmt ihrer Ansicht nach lediglich eine Erweiterung seines Konzeptes vor.[105] Djebars „contrapuntal reading" und die durch ihr anschließendes Schreiben unternommene Subversion orientalistischen Gedankenguts offenbart sich in mehreren ihrer Werke, so etwa in ihrer Novellensammlung *Femmes d'Alger dans leur appartement*, deren Titel auf das gleichnamige Gemälde des französischen Malers Eugène Delacroix verweist. Delacroix unternahm 1832 eine Reise in den Maghreb und verbrachte dabei auch einige Tage in Algier[106]; sein Aufenthalt fällt somit mit dem Beginn der französischen Kolonisierung Algeriens zusammen. Der Maler zeigt sich von der Exotik der Algerierinnen fasziniert (FA, 239) und hält ihre Gesten und Bewegungen in zahlreichen Skizzen fest, auf deren Basis später zwei verschiedene Fassungen seines Gemäldes entstehen. Delacroix' Blick auf die Frauen identifiziert Djebar als den kolonialen eines Orientalisten,[107] sein Gemälde präsentiert sich als „une approche d'un Orient au féminin" (FA, 242) – dies jedoch nicht allein, weil Delacroix sich nur dank des arabischen Bediensteten eines Freundes Zutritt zu dessen Harem verschaffen konnte. Ebenso wird er die Frauen, denen keine Möglichkeit gegeben ist, sich dem Blick des (okzidentalen) Betrachters zu entziehen, als Objekte exotischer und erotischer Faszination festhalten.

Exemplarisch für Djebars Ansatz zur Subversion kolonialer Geschichtsschreibung steht – neben ihrem Film *La Zerda et les chants de l'oubli* – ihr Roman

---

[104] Hierunter versteht Mortimer das Lesen literarischer Werke des europäischen Kanons dahingehend, dass die in ihnen enthaltenen orientalistischen Sichtweisen bloßgelegt werden können, vgl. Mortimer, Mildred: Edward Said and Assia Djebar: a contrapuntal reading. In: RAL 36,3 (2005), S.58.
[105] Vgl. Mortimer 2005, S.65. Eine ähnliche Einschätzung trifft Alison Rice, vgl. Rice, Alison: Time Signatures. Contextualizing Contemporary Francophone Autobiographical Writing from the Maghreb. Oxford: Lexington Books 2006, S.101/102.
[106] Vgl. Djebar, Assia: *Femmes d'Alger dans leur appartement*. Paris: Albin Michel 2002, S.238; bibliografische Verweise auf Zitate aus der Novellensammlung werden nachfolgend im fortlaufenden Text angegeben.
[107] Vgl. auch Mortimer 2005, S.58.

L'Amour, la fantasia.[108] Für *La Zerda* hatte Djebar koloniales Filmmaterial in französischen Archiven gesichtet und in subversiver Aufarbeitung neu zusammengestellt, um auf diese Weise „l'écart entre ces images exotiques à l'usage des colons-touristes et la réalité vecue par les peuples autochtones"[109] zu demonstrieren. In *L'Amour, la fantasia* besteht ihr subversiver Ansatz im Umschreiben kolonialer Geschichte: „Her task will be to take on the ‚official' record of the French colonial conquest of Algeria, itself a rewriting of historical fact, and to rewrite this rewriting from the perspective of the colonized subject. "[110] Der Roman konstituiert sich aus drei Teilen, in deren ersten beiden, *La prise de la ville ou L'amour s'écrit* und *Les cris de la fantasia*, der Versuch unternommen wird, die Geschichte der Kolonisierung Algeriens nachzuvollziehen. Für ihr Neuschreiben des Kolonisierungsprozesses durchstöbert Djebar zunächst koloniale Archive nach Berichten über die Eroberung Algiers, die den Beginn der französischen Kolonisierung Algeriens eingeläutet hatte. Diese finden sich dort zwar *en masse*, jedoch wird das Ungleichgewicht der archivierten Berichterstattung schnell deutlich, denn die Mehrzahl der „relation[s] de la prise d'Alger" (AF, 45) entstammt der Feder der Eroberer: „Trente-sept témoins, peut-être davantage, vont relater, soit à chaud, soit peu après, le déroulement de ce mois de juillet 1830. Trente-sept descriptions seront publiées, dont trois seulement du côté des assiégés [...] " (AF, 66). Genügt damit allein das quantitative Übergewicht französischer Schriftstücke, um die Objektivität der Berichterstattung in Zweifel zu ziehen, so verstärkt die Autorin[111] dies noch, indem sie für ihre eigene Version der Eroberung von Algier eine bestimmte Auswahl an Quellen trifft: „Un quatrième greffier de la défaite comble de sa pelletée de mots, la fosse commune de l'oubli; je le *choisis* parmi les natifs de la ville" (AF, 59; Hervorhebung DH). Historiografie trägt nach der Wahrnehmung Djebars damit stets subjektive Züge[112] – nicht nur im Falle der Kolonialherren, denen sie zur Absicherung ihres Machtanspruchs dient. So ist die französische Berichterstattung zwar darauf bedacht, die „violence initiale" (AF, 67) des Eroberungsaktes auszublenden. Dies gelingt ihren Verfassern jedoch nicht immer, wie die Autorin mehrfach demonstriert: Im Bericht des Baron Barchou etwa findet sie den Hinweis auf eine Algerie-

---

[108] Zu Djebars Darstellung von Geschichte in *Vaste est la prison* siehe Kap.5.
[109] Clerc 1997, S.23.
[110] Murdoch, H. Adlai: Rewriting writing: Identity, exile and renewal in Assia Djebar's L'Amour, la fantasia. In: YFS 83,2 (1993), S.75.
[111] Im Roman ist es Djebars Erzählerin, die die Auseinandersetzung mit den kolonialen Archiven aufgreift. Da diese anonym bleibt und aufgrund des autobiografischen Hintergrundes von *L'Amour, la fantasia* von der Autorin nicht zu trennen ist, werden im vorliegenden Kapitel Erzählerin und Autorin gleichgesetzt.
[112] Vgl. auch Schuchardt 2006, S.249.

rin, die ihr Kind lieber tötet, als es in französische Hände übergeben zu müssen. Die von ihm beobachtete Szene, scheinbar beiläufig der Darstellung der tatsächlichen Kampfhandlung beigefügt, lässt den Baron in Wirklichkeit keineswegs kalt: „Barchou [...] rapporte d'un ton glacé, mais son regard, qui semble se concentrer sur la poésie terrible ainsi dévoilée, se révulse d'horreur" (AF, 30). Von Anerkennung für die Tapferkeit seiner Opfer gefärbt erweist sich der Bericht des Colonel Pélissier, der die auf seine Anordnung erfolgt Ausräucherung der Höhlen von Dahra schildert, bei der 1500 Personen den Tod finden:

> „ [...] Pélissier rédige son rapport qu'il aurait voulu conventionnel. Mais il ne peut pas, il est devenu à jamais le sinistre, l'émouvant arpenteur de ces médinas souterraines, l'embaumeur quasi fraternel de cette tribu définitivement insoumise..." (AF, 115).

Spürt Djebar einerseits derartige Brüche und Unstimmigkeiten in den kolonialen Texten auf, so besteht ein weiterer Teil ihrer Strategie der Subversion darin, auf die Lücken, das Nichtfestgehaltene und damit für die Nachwelt Verlorene hinzuweisen, das die koloniale Historiografie zwingend mit sich bringt. In ihrer Aufarbeitung des Berichtes, im dem der Vizekapitän Amable Matterer das Vorrücken der französischen Flotte an die algerische Küste beschreibt, wirft sie daher die Frage auf, wie diese Bedrohung wohl von der anderen Seite wahrgenommen wurde:

> „Je me demande, comme se le demande l'état-major de la flotte, si le dey Hussein est monté sur la terrasse de sa Casbah, la lunette à la main. Contemple-t-il en personne l'armada étrangère? Juge-t-il cette menace dérisoire? " (AF, 16).

Indem sie im Anschluss nach der ebenfalls nicht bekannten Reaktion der Frau des *Dey* fragt, macht Djebar auf eine weitere historische Lücke aufmerksam, die Matterers Bericht nicht auszufüllen vermag, und ergänzt diese gemäß ihrer eigenen Vorstellung:

> „Je m'imagine, moi, que la femme de Hussein a négligé sa prière de l'aube et est montée sur la terrasse. Que les autres femmes, pour lesquelles les terrasses demeuraient royaume des fins de journée, se sont retrouvées là, elles aussi, pour saisir d'un même regard l'imposante, l'éblouissante flotte française" (AF, 17).

In *Les voix ensevelies* wendet sich die Autorin mit dem algerischen Befreiungskrieg einer weiteren bedeutsamen Epoche der Geschichte Algeriens zu. Der Krieg wird in Fragmenten weiblicher Erinnerungen thematisiert, denn Djebars Aufarbeitung stützt sich auf Erfahrungsberichte algerischer Frauen, die mittelbar oder unmittelbar am Kriegsgeschehen beteiligt waren. Die dabei verwendeten *Oral Histo-*

ry-Zeugnisse finden sich im Roman in den mit „Voix" (AF, 167ff.) überschriebenen Kapiteln wieder. Die „Voix" als persönliche Erfahrungsberichte bilden, weil sie von vornherein keine historische Objektivität für sich beanspruchen, abermals einen Gegenentwurf zur offiziellen Historiografie – zur algerischen, in der der Beitrag von Frauen zum Befreiungskrieg unterschlagen oder mindestens unterschätzt wird, ebenso wie zur französischen, welche den Algerienkrieg gern verharmlosend als *Les évènements d'Algérie*[113] darstellt und den Traumata der algerischen Bevölkerung, die *L'Amour, la fantasia* thematisiert, wenig Berücksichtigung schenkt.

Geschichte wird nach Assia Djebars Verständnis grundsätzlich mit subjektiver Färbung tradiert, ein „Objektivitätspostulat"[114] von Historiografie erweist sich demzufolge als illusorisch. Geschichtsschreibung ist aus diesem Grund von Widersprüchen gekennzeichnet, weist Lücken und Brüche auf, kann ideologieträchtig sein oder der Erhaltung bestimmter Machtverhältnisse dienen, wie dies Djebars Roman deutlich illustriert. Ihre eigene Historiografie, auch mit dem Bild des „palimpseste"[115] in Verbindung gebracht, ist als eine postkoloniale aufzufassen, denn dienen ihr einerseits historische Quellen „weniger zur Rekonstruktion, denn zur Dekonstruktion von Geschichte",[116] so werden andererseits auch die aufgedeckten Lücken und Widersprüche explizit von ihr thematisiert und finden als integraler Bestandteil ihres eigenen Textes Eingang in diesen.

3.3 Die Problematik der französischen Schriftsprache

Assia Djebar schreibt der französischen Sprache zumindest in ihrer Funktion als Schriftstellerin einen hohen Stellenwert zu: „*Je n'ai qu'une écriture: celle de la langue française*, avec laquelle je trace chaque page de chaque livre, qu'il soit de fiction ou de réflexion."[117] Obwohl oder gerade weil sich für die Autorin die Frage

---

[113] Vgl. Donadey 2001, S.1 und Donadey 1996, S.891: „In France, traditional historiography tended to divide Algerian history into three parts: a short period of conquest, followed by over one hundred years of French Algeria [...], the ‚Algerian events' painfully bringing the French presence to an end."

[114] Schuchardt 2006, S.249; zu Djebars Geschichtsverständnis vgl. auch Schuchardt 2006, S.174.

[115] Vgl. Donadey, Anne: ‚Elle a rallumé le vif du passé.' L'écriture-palimpseste d'Assia Djebar. In: Hornung, Alfred und Ernstpeter Ruhe (Hg.): Postcolonialisme & autobiographie. Albert Memmi, Assia Djebar, Daniel Maximin. Amsterdam, Atlanta: Rodopi 1998, S.101-115, Donadey 2001, S.45 sowie Djebar AF, S.115.

[116] Schuchardt 2006, S.252; Hervorhebung im Text.

[117] Djebar, Assia: Ecrire dans la langue de l'autre. In: Djebar, Assia: Ces voix qui m'assiègent... en marge de ma francophonie. Paris: Albin Michel 1999d, S.42; Hervorhebung im Text.

nach ihrer Schriftsprache als hinfällig erweist, bleibt ihr Verhältnis zum Französischen von starken Widersprüchen geprägt. Kolonialer Sprache und Muttersprache werden – wie häufig in bilingualen Situationen – jeweils unterschiedliche Funktionsbereiche zugesprochen. Die Zuständigkeit des Französischen liegt dabei im Bereich ihrer intellektuellen Tätigkeit, wohingegen sich die arabische Muttersprache der Autorin in den Bereichen des Privaten vorherrschend zeigt:

> „J'écris donc, et en français, langue de l'ancien colonisateur, qui est devenue néanmoins et irréversiblement celle de ma pensée, tandis que je continue à aimer, à souffrir, également à prier (quand parfois je prie) en arabe, ma langue maternelle. "[118]

Allgemein kann Sprache als „point de sensibilité extrême pour cet écrivain"[119] angesehen werden, die eingehende Auseinandersetzung mit ihr ist als zentraler Aspekt von Djebars Werk anzusehen: Sämtliche Sprachen, die ihr kulturelles Umfeld bestimmen – Arabisch, Berberisch und Französisch –, finden darin Eingang, die Auseinandersetzung mit dem Französischen erweist sich jedoch als vorherrschend und tritt – obgleich generell in den Werken von Djebars zweiter Schaffensphase präsent – nirgendwo deutlicher zutage als in *L'Amour, la fantasia*. Dort geht die Autorin der Frage nach, welche ihrer beiden Sprachen sich zum Schreiben wohl besser eigne,[120] das Französische wird dabei Djebars eigener Aussage zufolge zum „personnage principal"[121] des Romans. Seine Bedeutung manifestiert sich zunächst dahingehend, dass es als die Sprache der französischen Eroberer, sowie als die Sprache, mittels derer diese ihre gewaltsame Inbesitznahme der Nachwelt tradieren,[122] auftritt. Doch bleibt die französische Sprache in *L'Amour, la fantasia* nicht ausschließlich negativ konnotiert. Nicht nur bloßes Instrument der Unterdrückung, bringt sie für die Autorin/Erzählerin ein Jahrhundert nach ihrer erzwungenen Verbreitung in Algerien durchaus positive Aspekte mit sich: „Fillette arabe allant pour la première fois à l'école, un matin d'automne, main dans la main avec le père" (AF, 11) – gleich der Auftakt des Romans verweist auf die Möglichkeit, der traditionellen Frauenwelt zu entrinnen, die einem arabischen Mädchen wie der Erzählerin dank der Sprache der Kolonisatoren gegeben ist. Doch bleibt dieser per-

---

[118] Djebar, Assia: Idiome de l'exil et langue d'irréductibilité. In: Ruhe, Ernstpeter (Hrsg.): Assia Djebar. Würzburg: Königshausen & Neumann 2001, S.9.
[119] Calle-Gruber, Mireille: Pour une analytique de la globalisation – Littératures de l'altérité: l'exemple d'Assia Djebar. In: Schmeling, Manfred, Monika Schmitz-Emans und Kerst Walstra (Hg.): Literatur im Zeitalter der Globalisierung. Würzburg: Königshausen & Neumann 2000, S.213.
[120] Vgl. Calle-Gruber, Mireille: Assia Djebar ou la résistance de l'écriture. Regards d'un écrivain d'Algérie. Paris: Maisonneuve & Larose 2001, S.99/100.
[121] Djebar 2001, S.13.
[122] Siehe Kap.3.2.

sönliche Nutzen, der im Roman dem Schaden der Kolonisierung gegenüber zu stehen scheint, nicht frei von Widersprüchen. So gewährt das Französische ihr zwar die Freiheit, sich auch als Erwachsene außerhalb des Hauses frei zu bewegen, erlegt ihr jedoch anderweitig Beschränkungen auf, denn die Kommunikation in der kolonialen Sprache ruft im Falle der Erzählerin eine „aphasie amoureuse" (AF, 179) hervor: Sie ist nicht in der Lage, persönliche Gefühle in französischer Sprache zu äußern.[123] Darüber hinaus ersparen ihr Sprache und die damit verbundene Schulbildung ersparen zwar ein traditionelles Frauenschicksal: „A l'instar de l'héroïne d'un roman occidental, le défi juvenile m'a libérée du cercle que des chuchotements d'aïeules invisibles ont tracé autour de moi et en moi" (AF, 13). Sie schließen sie andererseits jedoch von der Solidarität des Frauenkollektivs aus.[124] Für Djebar, die ihrem ambivalenten Verhältnis zur französischen Sprache einen kompletten Roman gewidmet hat, birgt diese zwar durchaus positive Aspekte, wird aber dennoch nie gänzlich zur Heimat, zur Muttersprache, sondern bleibt stets Vatersprache – denn wie in *L'Amour, la fantasia* beschrieben, war es der Vater, der sie an diese herangeführt hat – oder auch „langue marâtre" (AF, 298).[125]

Sprache – wie dies auch *L'Amour, la fantasia* verdeutlicht – fungiert im kolonialen Kontext immer als Machtinstrument des Kolonisators gegenüber den Kolonisierten. Die Auseinandersetzung postkolonialer Autoren mit der kolonialen Sprache sucht daher die ihr inhärenten Machtstrukturen zu entlarven und ihrer Wirkung ein Ende zu bereiten.[126] Dabei stehen sie vor der Wahl, die koloniale Sprache entweder vollständig abzulehnen oder sie sich ihrem von der Metropole divergierenden kulturellen Kontext entsprechend anzueignen. Für eine „abrogation",[127] die vollständige Ablehnung der kolonialen Sprache, plädiert etwa der kenianische Schriftsteller Ngugi Wa Thiong'o. Sein Zurückweisen des Englischen als Schriftsprache begründet er damit, dass Sprache in ihrer Funktion als Kultur immer auch moralische, ethische und ästhetische Werte transportiere und damit das kollektive Gedächtnis,

---

[123] Siehe auch Djebar 1997, S.25.

[124] Vgl. auch: Ghaussy, Soheila: A stepmother tongue: ‚feminine writing' in Assia Djebars Fantasia: An Algerian cavalcade. In: WLT 68, 3 (1994), S.458.

[125] Für eine eingehendere Auseinandersetzung mit Djebars ambivalenter Positionierung gegenüber dem Französischen siehe Walker 2008.

[126] Ashcroft et al. 2002, S.37: „The crucial function of language as a medium of power demands that post-colonial writing defines itself by seizing the language of the centre and re-placing it in a discourse fully adapted to the colonized place."

[127] Ashcroft et al. 2002, S.37: „Abrogation is a refusal of categories of the imperial culture, its illusory standard of normative or ‚correct' usage, and its assumption of a traditional and fixed meaning ‚inscribed' in the words." Ashcroft et al. beziehen sich wie die Mehrzahl der postkolonialen Theoretiker vornehmlich auf den anglophonen postkolonialen Kontext. Da sich die Aufarbeitung des kolonialen Erbes in allen postkolonialen Gebieten ähnlich gestaltet, können die von ihnen beschriebenen Strategien jedoch auch für frankophone postkoloniale Literaturen Anwendung finden.

die Identität einer Gruppe entscheidend mitstrukturiere.[128] Im Gegensatz dazu vollziehen viele andere postkoloniale Autoren keinen vollständigen Bruch mit der europäischen Sprache,[129] sondern nehmen eine Modifikation derselben vor und wenden sich damit einer zweiten möglichen Art des Umgangs mit kolonialer Sprache zu, die Ashcroft et al. als „appropriation" bezeichnen:

> „Appropriation is the process by which language is taken and made to ‚bear the burden' of one's own cultural experience, or, as Raja Rao puts it, to ‚convey in a language that is not one's own the spirit that is one's own.' Language is adopted as a tool and utilized in various ways to express widely differing cultural experiences."[130]

„Appropriation" kann in literarischen Werken auf unterschiedlichen Ebenen erfolgen. So wird etwa beim „glossing"[131] einzelnen Wörtern, die der Sprache entstammen, in dessen kulturellem Kontext ein Werk sich situiert, in Klammern ihre englische bzw. französische Übersetzung beigefügt. Daneben finden sich in postkolonialen Texten weitere linguistische Strukturen, die auf die kulturelle Differenz des jeweiligen Textes zur Kultur der Metropole aufmerksam machen: Zu diesen zählen etwa unübersetzt bleibende Wörter oder die für den europäischen Leser nicht immer auf den ersten Blick auszumachende „fusion of the linguistic structures of two languages",[132] die sowohl auf lexikalischer als auch auf syntaktischer Ebene stattfinden kann.

Assia Djebar gehört zu den postkolonialen Autoren, die fortfahren, in der kolonialen Sprache zu schreiben, jedoch für eine „appropriation" derselben optieren. Ihre spezifische Aneignung des Französischen manifestiert sich in den Werken ihrer zweiten Schaffensphase, in der sie „dans un total libre arbitre"[133] zu der durch

---

[128] Vgl. Ngugi, Wa Thiong'o: The language of African literature. In: Ashcroft, Bill, Gareth Griffins und Helen Tiffin (Hg.): The post-colonial studies reader. London, New York: Routledge 1995, S.289.

[129] Vgl. auch New, W.H.: New language, new world. In: Ashcroft, Bill, Gareth Griffins und Helen Tiffin (Hg.): The post-colonial studies reader. London, New York: Routledge 1995, S.303.

[130] Ashcroft et al. 2002, S.38.

[131] Ashcroft et al. 2002, S.60.

[132] Ashcroft et al. 2002, S.65. Zabus spricht im Zusammenhang mit den von Ashcroft et al. unter „interlanguage" subsumierten sprachlichen Phänomenen von „relexification", mit deren Hilfe eine Subversion der kodifizierten Sprache der Metropole unternommen wird. Durch die Strategie der „relexification" entsteht ein hybrides „third register", das sich als eigenes Konstrukt zwischen der „European target language" und „indigenous source language" ansiedelt, vgl. Zabus, Chantal: Relexification. In: Ashcroft, Bill, Gareth Griffins und Helen Tiffin (Hg.): The post-colonial studies reader. London, New York: Routledge 1995, S.315 und 318.

[133] Djebar, Assia: L'enjeu de mon silence. In: Djebar, Assia: Ces voix qui m'assiègent…en marge de ma francophonie. Paris: Albin Michel 1999i, S.35.

ihre Schuldbildung zwangsläufig französischen Schriftsprache zurückkehrt und ihr Verhältnis zu dieser neu definiert:

> „En 1979, quand je me réinstalle à Paris pour écrire [...], je prends conscience de mon choix définitif d'une écriture francophone qui est, pour moi alors, *la seule de nécessité*: celle où l'espace en français de ma langue d'écrivain n'exclut pas les autres langues maternelles que je porte en moi, sans les écrire. "[134]

Djebars Adaptation des Französischen für den kulturellen Kontext Algeriens besteht ihr zufolge darin, in der und durch die Schriftsprache ihre nicht schriftlich fixierten Muttersprachen festzuhalten. Besonders deutlich werden ihre „multilingual strategies"[135] in den ersten drei Teilen des *Quatuor algérien*,[136] in dem „[t]hese subterranean languages" den französischen Text beständig durchziehen, sodass „[t]heir presence-absence at the heart of her writing completely decenters and disrupts French."[137] Das Berberische, nicht im engen Sinne Djebars Muttersprache, sondern eine der Sprachen ihrer Mutter,[138] findet vor allem Eingang in *Vaste est la prison*: Erscheint dort einerseits das Wiederauffinden des über Jahrhunderte verloren geglaubten *Tifinagh*-Alphabets als eines der zentralen Themen des Romans, so verweist andererseits sein Titel auf den Vers eines Berberliedes, Anleihe der Autorin aus Jean Amrouches Sammlung volkstümlichen Liedguts *Chants berbères de Kabylie*. Einige Verse dieses Liedes schließlich werden im dritten Teil des Romans aufgegriffen: Anlässlich einer Trauerfeier stimmt es eine der anwesenden Frauen in ihrer „langue de montagne" (VP, 236) an. Auf die in Djebars Text erscheinende Transkription der Verse in lateinischen Lettern folgt sogleich deren Übersetzung – auf der Inhaltsebene des Romans, weil die meisten der Anwesenden kein Berberisch verstehen, in den „dialecte de la ville" (VP, 237), auf der Ebene des französischen Textes ins Französische: „Depuis le premier jour de l'année/ Nous n'avons eu un seul jour de fête!/ Vaste est la prison qui m'écrase/ D'où me viendras-tu, délivrance?" (VP, 237).

Arabisch als Djebars Muttersprache nimmt einen größeren Einfluss auf ihre Texte als das Berberische: In den Texten des *Quatuor* folgt teils durch „glossing" den im Text auftauchenden arabischen Wörtern unmittelbar ihre französische

---

[134] Djebar 1999k, S.39; Hervorhebung im Text.

[135] Donadey, Anne: The multilingual strategies of postcolonial literature: Assia Djebar's Algerian palimpsest. In: WLT 74, 1 (2000), S.27-36.

[136] Geht man davon aus, dass *Nulle part* die Tetralogie beschließt, so spielt dort die Auseinandersetzung mit Sprache und insbesondere mit dem Französischen eine weitaus geringere Rolle als in den drei vorhergehenden Teilen.

[137] Donadey 2000, S.30.

[138] Djebar 1997, S.31; vgl. auch VP, S.226.

Übersetzung, andere Begriffe – „Arabic words that have become part of the specialized vocabulary of Orientalism" sowie „Arabic words that have become more or less current in French"[139] – bleiben unübersetzt stehen. Die von Djebar angestrebte Differenz zum Standardfranzösischen macht sich darüber hinaus dahingehend bemerkbar, dass sie durch arabische Wörter, für die eine adäquate französische Entsprechung existiert, ihren „Algerian viewpoint"[140] unterstreicht. Dies geschieht etwa, wenn die Autorin als Bezeichnung für die algerische Hauptstadt anstelle des französischen Namens in *L'Amour, la fantasia* das arabische „El-Djezaïr" (AF, 119) verwendet. Indem sie dem Arabischen eigene Begriffe und Konzepte ins Französische überträgt, macht Djebar schließlich auch Gebrauch von „interlanguage."[141]

Auch in *Vaste est la prison* finden sich eine Vielzahl übersetzter oder auch unübersetzt bleibender arabischer Wörter; als solche sind etwa „la *fatiha*" (VP, 43; Hervorhebungen immer im Text), die erste Sure des Korans, „la *sakina*, c'est-à-dire [...] la sérénité pleine et pure" (VP, 106), „des *yaouleds*, fils d'ouvriers" (VP, 269) oder „la *chahadda*" (VP, 123), das islamische Glaubensbekenntnis, zu nennen. An orientalistischem Vokabular übernimmt Djebar beispielsweise *„fellaghas"* (VP, 185), die Bezeichnung der Franzosen für algerische Kämpfer während des Unabhängigkeitskrieges, für ihren eigenen Text. Von „interlanguage" macht die Autorin im Zusammenhang mit *„l'e'dou"* (VP, 13), Feind, als Bezeichnung der Frauen für ihre Ehemänner Gebrauch: „L'ennemi est à la maison!" (VP, 13) antwortet daher eine Dame auf die Frage, warum sie ihren Besuch im *Hammam* früher als gewöhnlich beende. Wenn Ismas Schwiegermutter dieselbe Dame mit den Worten „Encore un quart d'heure, ô lumière de mon cœur!" (VP, 13) von einem längeren Verweilen überzeugen möchte, so übernimmt der französische Text an dieser Stelle nicht nur den arabischen Vokativ, sondern auch eine arabische Formel der Zuneigungsbekundung, die dem Französischen fremd ist. Dem Arabischen eigene Strukturen sind in wörtlicher Übersetzung auch präsent, wenn die Großmutter der Erzählerin „soigne [...] ses enfants ‚chez la France'" (VP, 235), d. h. bei einer Typhusepidemie einen französischen Arzt konsultiert. Neben dem Einfließen arabischer Wörter, Konzepte und Strukturen macht Donadey schließlich Djebars speziellen Gebrauch des Französischen selbst – ihre Wahl eines sehr literarischen oder raren Wortschatzes – als eine weitere Maßnahme der Autorin aus, die Sprache ihrer Texte in postkolonialer Manier zu dezentrieren.[142]

---

[139] Donadey 2000, S.29.
[140] Donadey 2000, S.29.
[141] Ashcroft et al. 2002, S.65.
[142] Vgl. Donadey 2000, S.33.

4 Reden und Schweigen – Ausdrucksmöglichkeiten algerischer Frauen

4.1 Assia Djebars Werk im Kontext feministischer Literatur

Erscheint die Verortung von Assia Djebars literarischem Werk im Kontext postkolonialer Literatur als sinnvoll, so besteht eine umso größere Notwendigkeit, es auch im Licht einer feministischen Literatur zu betrachten: Im Zentrum ihrer Romane und Novellen stehen fast immer weibliche Protagonisten sowie das Beleuchten und Hinterfragen der Lebensumstände algerischer Frauen während und nach der Kolonialzeit.[143] Besonders seit Beginn ihrer zweiten Schaffensphase wird Djebar von der Literaturkritik als feministische Autorin wahrgenommen.[144]

Ein grundsätzliches Problem feministischer (Literatur-)Theorien besteht darin, dass sie – ähnlich wie postkoloniale Theorien – oftmals eindimensional argumentieren, d. h. nur eine bestimmte bestehende Hierarchie angreifen, ohne dabei anderen eventuell hinzukommenden Hierarchien, deren Subversion es gleichermaßen bedarf, Beachtung zu schenken.[145] Postkoloniale Theorien suchen zwar den Paternalismus der Kolonisatoren gegenüber der (vormals) kolonisierten Gesellschaft aufzudecken, gehen aber paternalistischen Tendenzen innerhalb derselben – d. h. gender-spezifischen Problemen – jedoch häufig nicht auf den Grund, obgleich diese „one of [the] crucial components"[146] postkolonialer Literatur darstellen. Feministische Theorien argumentieren dagegen häufig aus einem ausschließlich europäisch-amerikanischen Standpunkt heraus. Sie lokalisieren sich damit nicht nur in einer exklusiv akademischen Position, die, wie Spivak kritisiert, die meisten Frauen aufgrund fehlender Bildung ohnehin nicht erreichen kann,[147] sondern auch – indem sie die „‚Third World woman' as a singular, monolithic subject"[148] ansehen – in

---

[143] Vgl. auch Gafaïti 2005, S.161.

[144] Vgl. Woodhull, Winifred: ‚Ecrire, sans nul héritage': literature and feminism today. In: Ruhe, Ernstpeter (Hrsg.): Assia Djebar. Würzburg: Königshausen & Neumann 2001, S.19.

[145] Vgl. Nagy-Zekmi, Silvia: Tradition and transgression in the novels of Assia Djebar and Aïcha Lemsine. In: RAL 33,3 (2002), S.1.

[146] Donadey 2001, S.xxix.

[147] Vgl. Spivak, Gayatri Chakravorty: French feminism in an international frame. In: YFS 62 (1981), S.156.

[148] Mohanty, Chandra Talpade: Feminism without borders. Decolonizing theory, practicing solidarity. London, Durham: Duke University Press 2003, S.17.

einer eurozentrischen Ein solch eindimensionaler Blickwinkel nimmt Mohanty zufolge die Frau, die nicht dem westlichen Kulturkreis entstammt, stets als Opfer wahr, während sie in ihr gleichzeitig ein kontrastives Bild zur okzidentalen Frau repräsentiert sieht:

> „This average Third World woman leads an essentially truncated life based on her feminine gender (read: sexually constrained) and her being ‚Third World' (read: ignorant, poor, uneducated, tradition-bound, domestic, family-oriented, victimized, etc.). This, I suggest, is in contrast to the (implicit) self-representation of Western women as educated, as modern, as having control over their own bodies and sexualities and the freedom to make their own decisions."[149]

Die Gegenüberstellung der okzidentalen und der – im Sinne Edward Saids – orientalischen Frau ist jedoch nicht der einzige Kritikpunkt, den Mohanty dem europäischen bzw. amerikanischen Feminismus entgegenhält. Was sie darüber hinaus beanstandet, ist der ihm implizite Universalismus, der sich nicht nur in der „assumption of women as an already constituted, coherent group with identical interests and desires, regardless of class, ethnic, or racial location, or contradictions"[150] niederschlage, sondern ebenso in seiner methodologischen Vorgehensweise, die die „universal cross-cultural operation of male dominance and female exploitation"[151] zu beweisen suche, sowie in seinen dem okzidentalen akademischen Rahmen entstammenden Analysestrategien. Mohantys Kritik an den universalistischen Ambitionen des okzidentalen Feminismus veranlasst sie indessen nicht dazu, jegliche länder- und kulturübergreifenden feministischen Bewegungen von Grund auf abzulehnen. Sie fordert im Gegenteil einen „[f]eminism without borders"[152], der kooperiert ohne die jeweiligen kulturellen und sozialen Lebensumstände der Frauen zu übergehen.[153] In Bezug auf diese kulturelle und soziale Heterogenität und daraus resultierend ihrer sich unterscheidenden Zielsetzungen, die zu realisieren Frauen anstreben, sprechen sich auch andere Theoretikerinnen wie Spivak und Holst Peter-

---

[149] Mohanty 2003, S.22.
[150] Mohanty 2003, S.21.
[151] Mohanty 2003, S.33. Mohanty sieht im Paternalismus des okzidentalen Feminismus keine Zwangsläufigkeit, jedoch eine vorherrschende Tendenz, von der sie auch die Ansätze nichtwestlicher Feministinnen betroffen sieht, die sich seine Argumentationsweisen unkritisch zu eigen machen, siehe auch Mohanty 2003, S.18.
[152] Mohanty 2003, S.2.
[153] Mohanty 2003, S.2: „Feminism without borders is not the same as ‚border-less' feminism. It acknowledges the fault lines, conflicts, differences, fears, and containment that borders represent. It acknowledges that there is no one sense of a border, that the lines between and through nations, races, classes, sexualities, religions, and disabilities, are real – and that a feminism without borders must envision change and social justice work across these lines of demarcation and division."

sen dafür aus, westliche Ansätze des Feminismus nicht als universal gültig anzusehen. Sie fordern, diese kritisch zu überdenken, um die ihnen inhärenten Paternalismen zu entlarven und den anders gelagerten Prioritäten der Frauen in nichtwestlichen kulturellen Kontexten Geltung zu verschaffen.[154]

Im Sinne eines solchen okzidentalen Feminismus, in dessen Horizont auch sie selbst zwar wohl nicht als „average Third World woman" aber dennoch als „Third World woman" erscheint, kann Assia Djebar nicht als feministische Autorin angesehen werden; seine paternalistischen Tendenzen sieht sie daher in einem überaus kritischen Licht: „[...] en Occident, on aime pleurer sur les femmes arabes, ou musulmanes, ou...Mais s'il faut pleurer sur soi-même, ce ne peut être que de rage, et seulement pour se réveiller."[155] Entsprechend ihrer kulturellen Situation einer Frau, die ihre Wurzeln in einer nicht-westlichen Tradition hat, und einer Autorin, die in einem postkolonialen Kontext schreibt, kann sich Djebar keinen einseitigen Loyalitäten verpflichten. Vielmehr obliegt es ihr, sich einerseits sowohl den patriarchalischen Traditionen als auch dem kolonialen Erbe zu widersetzen, die gleichermaßen die Unabhängigkeit und Selbstbehauptung der algerischen Frauen zu verhindern suchen, ohne andererseits dabei den Verdienst der Väter an ihrer Emanzipation außer Acht zu lassen. Von ihrem Wohlwollen und ihrer Aufgeschlossenheit hing, wie die Autorin vermerkt, insbesondere für ihre Generation der Zugang zur Bildung für Mädchen ab, die sie als grundlegend für die Emanzipation annimmt:

> „Ce qui m'avait frappé à l'époque, c'est que le féminisme occidental, européen, se veut d'abord une lutte contre le père, contre l'image du père. Or je voyais très bien qu'en situation de colonisé, au Maghreb, les pères avaient joué un rôle d'intercesseurs. [...] Tout cela pour dire que le féminisme, chez nous, est passé par l'intercession des pères. "[156]

---

[154] Vgl. dazu Spivak 1981, S.156/157: „The point that I am trying to make is that, in order to learn enough about Third World women and to develop a different readership, the immense heterogeneity of the field must be appreciated, and the First World feminist must learn to stop feeling privileged *as a woman*", (Hervorhebung im Text) und Holst Petersen, Kirsten: First things first. Problems of a feminist approach to African literature. In: Ashcroft, Bill, Gareth Griffins und Helen Tiffin (Hg.): The post-colonial studies reader. Theory and practice in post-colonial literatures. London, New York: Routledge ²2002, S.251: „[...] universal sisterhood is not a given biological condition as much as perhaps a goal to work towards, and [...] in that process it is important to isolate the problems which are specific to Africa or perhaps the Third World in general,[...]."

[155] Djebar, Assia: Ecrivain/Ecrivaine. In: Djebar, Assia: Ces voix qui m'assiègent...en marge de ma francophonie. Paris: Albin Michel 1999e, S.68; vgl. auch Woodhull 2001, S.21.

[156] Djebar 1997, S.26; zu Djebars nichtwestlichem Ansatz des Feminismus vgl. auch Nagy-Zekmi 2002, S.7 sowie Elia, Nada: Trances, dances, and vociferations. Agency and resistance in Africana women's narratives. New York, London: Garland 2001.

Wenn nicht im Antagonismus dem Mann gegenüber, so kann Djebar doch in dem Sinn als feministische Autorin angesehen werden, dass sie Paternalismen jeglicher Art, algerische wie europäische, kritisiert. Dabei positioniert sie sich, wenn nicht außerhalb, so doch am Rande eines okzidentalen Feminismus und wird daher auch im Zusammenhang mit arabischen Feministinnen wie Fatima Mernissi und Nawal El Saadawi genannt.[157] Miriam Cooke sieht Djebar als „Islamic feminist."[158] Eine solche Einordnung trifft sie besonders aufgrund von Djebars Roman *Loin de Médine*, in dem die Autorin unterstreicht, wie entscheidend die Frauen, die ihr Leben mit dem Propheten Mohammed teilten, den Islam in seinen Anfangszeiten mitprägten. Die Autorin als islamische Feministin zu bezeichnen, erscheint dabei weniger in der Hinsicht zutreffend, dass sie die Befreiung der algerischen oder allgemeiner muslimischen Frau auf der Basis islamischer Glaubensgrundregeln proklamiert, sondern eher in dem Sinne als

> „Islamic feminists are constructing a countermemory that situates them between the grand-mothers they are honouring and the daughters they are serving. Speaking from within this discontinuous network/text, they have collectively placed at the top of their political agenda women's right to examine the gendered formation of Islamic epistemology, but always within a global framework."[159]

Im Gegensatz dazu schreibt Hiddleston Djebar keiner „specific agenda"[160] zu, weil sie sich in keiner Tradition weiblichen Schreibens, sondern eher im „process of creating a concrete cause" situiere. Weder einem weibliche Solidarität proklamie-renden arabischen Feminismus, wie ihn El Saadawi[161] vertritt, noch dem französi-

---

[157] Vgl. dazu etwa: Cooke, Miriam: Women claim Islam. Creating Islamic feminism through literature. London, New York: Routledge 2001, S.80; Hiddleston, Jane: Feminism and the question of ‚woman' in Assia Djebar's Vaste est la prison. In: RAL 35, 4 (2004), S.102 und Woodhull, Winifred: Transfigurations of the Maghreb. Feminism, decolonization, and literatures. Minneapolis, London: University of Minnesota Press 1993, S.xxii.

[158] Cooke 2001, S.64.

[159] Cooke 2001, S.65. Unter „Islamic feminism" subsumiert Cooke nicht nur einen sich religiös legitimierenden Feminismus, sondern allgemein feministische Ansätze, die mit muslimischen kulturellen Kontexten besser in Einklang stehen als die Ansätze des europäisch-amerikanischen Feminismus. Die Vertreterinnen solcher Ansätze „ [...] are claiming their right to be strong women within this tradition, namely to be feminists without fear that they be accused of being Westernized and being imitative. " (Cooke 2001, S.60).

[160] Hiddleston 2004, S.102.

[161] El Saadawi zufolge bedarf es zur vollständigen Befreiung der Frau (nicht nur in den arabischen Ländern) der Abschaffung der Klassengesellschaft, d. h. eines sozialistischen Systems. Die arabischen Frauen können ihrer Auffassung nach den Kampf um ihre Emanzipation nur dann effizient vorantreiben, wenn sie sich als „an effective political force" manifestieren. Befreiung kann demnach nicht individuell realisiert, sondern nur über das Kollektiv erlangt werden, vgl. dazu El Saadawi, Nawal: The hidden face of Eve. Women in the Arab world. London: Zed 1980, S.180 und 211.

schen Feminismus der 1970er Jahre gänzlich zuzuordnen, nimmt Djebars Werk für sie hinsichtlich seiner feministischen Positionen eine Mittelstellung zwischen Orient und Okzident ein.[162] Die ihrem Werk innewohnende Betonung von Individualität ist es, die Djebar nach Hiddlestons Empfinden vom arabischen Feminismus entfernt und stattdessen zu den Ansätzen des europäischen Feminismus, namentlich dem Cixous', tendieren lässt. Cixous, die zwar wie Djebar in Algerien geboren wurde, die jedoch aufgrund ihrer jüdischen Herkunft wenig mit der „Algerian community"[163] verbindet, weigert sich, Frauen als ein Kollektiv identischer Interessen wahrzunehmen, da sie von der Einzigartigkeit jeder Frau ausgeht:

> „When I say ‚woman', I'm speaking of woman in her inevitable struggle against conventional man; and of a universal woman subject who must bring women to their senses and to their meaning in history. But first it must be said that [...] there is, at this time, no general woman, no one typical woman. [...] what strikes me is the infinite richness of their individual constitutions: you can't talk about *a* female sexuality, uniform, homogeneous, classifiable into codes – any more than you can talk about one unconscious resembling another. Women's imaginary is inexhaustible, like music, painting, writing: their stream of phantasms is incredible."[164]

Aufgrund ihrer Herkunft und der Individualität weiblicher Figuren, wie Djebars Werk sie darstellt, lässt sich zwar ebenso die von Hiddleston angedeutete Nähe der Autorin zu Cixous' Positionen herstellen, wie auch ihre Einordnung Assia Djebars als Feministin zwischen Orient und Okzident sinnvoll erscheint. Im Lichte ihrer dritten Gemeinsamkeit, nämlich der Tatsache, dass sich beide grundsätzlich gegen unflexible Standpunkte, Kategorisierungen oder auch Ideologien verwahren[165], scheint eine Positionierung Assia Djebars genau in der Mitte der Ansätze zweier feministischer Autorinnen der Komplexität ihres Denkens jedoch nicht genügend Rechnung zu tragen.

---

[162] Hiddleston 2004, S.102: „Her work seems to modulate between the perspectives of Cixous and El Saadawi, since it upholds by turns both singularity and mutual support. "

[163] Hiddleston 2004, S.99.

[164] Cixous, Hélène: The laugh of the Medusa. In: Signs 1 (1975/1976), S.875/876; Hervorhebung im Text.

[165] Cixous pocht nicht nur auf die Einzigartigkeit jeder Frau und lehnt die Wahrnehmung von Frauen als einem Kollektiv ab, sondern verwehrt sich auch gegen feststehende Theorien und Definitionen weiblichen Schreibens, weil diese ihrer Meinung nach stets Reflektionen des phallozentrischen Systems darstellen, vgl. Cixous 1975/1976, S.883: „It is impossible to *define* a feminine practice of writing, and this is an impossibility that will remain, for this practice can never be theorized, enclosed, coded – which doesn't mean that it doesn't exist. But it will always surpass the discourse that regulates the phallocentric system"; Hervorhebung im Text und Moi, Toril: Sexual/textual politics. Feminist literary theory. London, New York: Methuen 1985, S.102ff.

Vielmehr ist ihr Ansatz des Feminismus ein eigener, der einerseits dadurch zum Ausdruck kommt, dass die Historikerin Djebar den Versuch unternimmt, Frauen, deren Beitrag zur Geschichte die offizielle Historiografie gern ausblendet, in dieser einen Platz zu verschaffen. Ein solches Vorhaben liegt nicht nur ihren Romanen *L'Amour, la fantasia* und *Vaste est la prison*, sondern auch anderen Werken wie *Femmes d'Alger dans leur appartement, La femme sans sépulture* und *Loin de Médine*[166] zugrunde. Andererseits hat Djebar es sich zur Aufgabe gemacht, weniger privilegierte Frauen, denen der Zugang zu Bildung verwehrt geblieben ist, die von der Außenwelt abgeschirmt im Harem leben und daher keine Möglichkeit haben, für sich selbst zu sprechen, in ihren Werken zu Wort kommen zu lassen:[167]

> „Ne pas prétendre ‚parler pour', ou pis, ‚parler sur', à peine parler près de, et si possible tout contre: première des solidarités à assumer pour les quelques femmes arabes qui obtiennent ou acquièrent la liberté de mouvement, du corps et de l'esprit"(FA, 9).

Dies befreit ihr Konzept wiederum von paternalistischen Tendenzen und nähert sie einmal mehr an die Positionen Cixous' an, die ihrerseits dafür plädiert, dass Frauen, suchen sie ihren Platz in der Welt zu behaupten, vor allem über Frauen schreiben müssen.[168]

4.2 Schweigen im öffentlichen Raum – Frauen in der algerischen Gesellschaft

Die algerische Gesellschaft stellt „ [...] un monde et [...] une culture profondément marqués par une traditionnelle ségrégation sexuelle [...] "[169] dar. Einher mit dieser (räumlichen) Trennung geht eine klare Aufteilung der Funktionen, die Mann und Frau in der Familie zu erfüllen haben: Während dem Mann ihre materielle Versorgung obliegt, fallen der Frau ebenso sämtliche Tätigkeiten im Haushalt und die Erziehung der Kinder zu, wie sie auch die maßgebliche Verantwortung für die

---

[166] Vgl. auch Zimra, Clarisse: Not so far from Medina: Assia Djebar charts Islam's ‚insupportable feminist revolution.' In: WLT 70,4 (1996), S.826.

[167] Vgl. auch Gauvin, Lise: Ecrire/réécrire au féminin: notes sur une pratique. In: EF 40,1(2004), S.23.

[168] Vgl. Cixous 1975/1976, S.875: „Woman must write her self: must write about women and bring women to writing, from which they have been driven away as violently as from their bodies – for the same reasons, by the same law, with the same fatal goal. Woman must put herself into the text – as into the world and into history – by her own movement."

[169] Djebar, Assia: Entre parole et écriture. In: Djebar, Assia: Ces voix qui m'assiègent... en marge de ma francophonie. Paris: Albin Michel 1999f, S.72.

„permanence de la tradition"[170] trägt. Männer- und Frauenwelt finden in einer solchen Gesellschaftsordnung kaum Berührungspunkte; und während die Männer zumindest in der Hinsicht Zugang zum Harem haben, dass sie Teil der Familie sind, bleibt es den Frauen von wenigen besonderen Anlässen[171] abgesehen verwehrt, die Grenze zur Männerwelt zu überschreiten.[172] Bei diesen sorgt ersatzweise zum Harem der Schleier dafür, dass die Geschlechtertrennung auch dann aufrechterhalten werden kann, wenn es sich nicht vermeiden lässt, dass die Frau den männlichen Raum penetriert.[173] Die räumliche Trennung der Geschlechter legitimiert gleichzeitig auch die Machtverhältnisse.[174] Für die Frauen als der Gruppe, die keine Autorität innehat, bedeutet dies, dass sie nur sehr eingeschränkt über ihr eigenes Leben verfügen können: „Spatially confined, women were taken care of materially by the men who possessed them, in exchange for total obedience and sexual and reproductive services."[175] Obgleich tief in der algerischen Kultur verwurzelt, erweist sich die Aufteilung des Raumes in männliche und weibliche Bereiche nicht als deren Besonderheit, sondern steht grundlegend für die arabo-islamische Kultur. Die Verbannung weiblicher Präsenz aus dem öffentlichen Raum gründet Mernissi zufolge auf der Wahrnehmung weiblicher Sexualität im Islam. Im Gegensatz zum jüdisch-christlichen Kulturkreis, der von der Frau als passivem Wesen ausgeht, ihrer Sexualität keine bedrohliche Macht zuschreibt und daher die Gefahr nicht bannen muss, indem er weiblichem und männlichem Umfeld so wenig Berührungspunkte wie möglich angedeihen lässt, gilt die weibliche Sexualität im Islam als ein aktives Prinzip, dem eine bedrohliche Macht innewohnt:[176] „[...] the Muslim social order views the female as a potent aggressive individual whose power can, if not tamed and curbed, corrode the social order."[177] Die Macht der weiblichen Sexualität muss daher beschränkt werden; die traditionelle islamische Gesellschaftsordnung baut

---

[170] Bourdieu, Pierre: Sociologie de l'Algérie. Paris: PUF 1963, S.83; zur traditionellen Trennung der Lebens- und Arbeitsbereiche von Männern und Frauen in Algerien siehe auch Knauss, Peter R.: The persistence of patriarchy. Class, gender, and ideology in twentieth century Algeria. London etc.: Praeger 1987, S.4ff.
[171] Vgl. Mernissi, Fatima: Beyond the veil. Male-female dynamics in modern Muslim society. Bloomington: Midland ²1987, S.97: „ [...] such as a visit to a saint's tomb, to the public baths and to relatives at births, deaths and marriages."
[172] Es sei denn, die ökonomische Notwendigkeit zwingt die Frau dazu, außerhalb der häuslichen Sphäre – in der traditionellen Gesellschaft etwa auf dem Feld – zu arbeiten.
[173] Vgl. Mernissi 1987, S.97: „The veil is an expression of invisibility of women on the street, a male space *par excellence.* "
[174] Vgl. Mernissi 1987, S.138: „The spatial division according to sex reflects the division to those who hold authority and those who do not, those who hold spiritual powers and those who do not."
[175] Mernissi 1987, S.169.
[176] Vgl. Mernissi 1987, S.30/31.
[177] Mernissi 1987, S.175.

sich damit gleichsam als ein Bollwerk der Verteidigung gegen das Potential weiblicher Verführung auf.[178]

Im fortschreitenden 20. Jahrhundert konnte eine konsequente Trennung der Geschlechter in den islamischen Gesellschaften nicht bestehen bleiben. Zahlreiche Faktoren – wie eine zunehmende Technisierung, der Zugang zu Massenmedien, ökonomische Notwendigkeit sowie der für Frauen leichtere Zugang zu Bildung und damit auch zur Arbeitswelt – trugen dazu bei, dass sie den ihnen traditionell zugewiesenen Bereich des Hauses vermehrt verließen und in die öffentliche Sphäre vorzudringen vermochten. In Algerien erfuhr die traditionelle Aufteilung des Raumes bis zur Mitte des 20. Jahrhunderts keine nennenswerten Modifikationen: Frauen waren vom öffentlichen Leben in der Regel ausgeschlossen.[179] Obgleich gerade der Kolonialismus zum Erhalt dieser Tradition beigetragen hatte,[180] unterlief die traditionelle Geschlechtertrennung erstmals mit dem Befreiungskrieg Veränderungen. Ungeachtet der Annahme Frantz Fanons, der *Front de la Libération Nationale* (FLN) habe der Beteiligung von Frauen an der Revolution aufgrund ihres notwendigerweise geheimen Charakters sowie der Gefährlichkeit ihres Unterfangens nur zögerlich zugestimmt,[181] partizipierten algerische Frauen seit Beginn des Krieges aktiv an diesem.[182] Amrane, die sich anhand von Interviews mit ehemaligen Kriegsteilnehmerinnen mit dem weiblichen Beitrag zum algerischen Unabhängigkeitskrieg auseinandergesetzt hat, kommt zu dem Ergebnis, dass sich unter den

---

[178] Vgl. dazu Mernissi 1987, S.45: „The entire Muslim social structure can be seen as an attack on, and a defence against, the disruptive power of female sexuality."

[179] Vgl. Amrane-Minne, Danièle-Djamila: Women and politics in Algeria from the war of independence to our day. In: RAL 30, 3 (1999), S.62: „In 1954, Algerian women were totally excluded from public life. Nearly all illiterate, with only 4.5 % among them able to read and write, they did not have access to the world of work except in the sectors that did not demand professional qualifications."

[180] Durch die Kolonisierung und das Vorhaben der Kolonisatoren, der algerischen Kultur eine ihnen zweckdienliche Prägung zu geben, befanden sich die Algerier in einer defensiven Position. Einerseits erwies es sich dabei aufgrund der traditionell bestehenden Raumaufteilung naheliegend, Frauen als Hüterinnen der Tradition von jeglichem Kontakt mit den Kolonisatoren fernzuhalten, indem man sie vor der Außenwelt abschirmte, vgl. dazu Knauss 1987, S.24 sowie Amrane, Djamila: Les femmes algériennes dans la guerre. Paris: Plon 1991, S.45. Andererseits greift für dieses Phänomen auch die von Fanon angeführte und am Beispiel des Schleiers illustrierte Argumentation, dass kolonisierten Gesellschaften das Entwicklungspotential abhanden kommt, weil sie, wollen sie ihrer Identität nicht verlustig gehen, sich gezwungen sehen, an regressiven Traditionen festzuhalten; vgl. dazu Fanon, Frantz: Sociologie d'une révolution. L'an V de la révolution algérienne. Paris: Maspero 1968, S.29: „C'est le blanc qui crée le nègre. Mais c'est le nègre qui crée la négritude. A l'offensive colonialiste autour du voile, le colonisé oppose le culte du voile. Ce qui était élément indifférencié dans un ensemble homogène, acquiert un caractère tabou, et l'attitude de telle Algérienne en face du voile, sera constamment rapportée à son attitude globale en face de l'occupation étrangère. "

[181] Vgl. Fanon 1959, S.30 und 37.

[182] Vgl. Amrane-Minne 1999, S.62 sowie Knauss 1987, S.75.

336.748 registrierten Unabhängigkeitskämpfern 10.949 Frauen befanden.[183] Sie geht überdies davon aus, dass die tatsächliche Zahl der am Kriegsgeschehen mittelbar oder unmittelbar beteiligt Frauen höher liegt, da sie sich zum Teil nach Kriegsende sehr schnell ins Privatleben zurückzogen und von den algerischen Behörden deshalb nicht als Kriegsteilnehmerinnen registrieren ließen. Ganz unterschiedliche Gründe bewogen die interviewten Frauen zu ihrem Engagement im Unabhängigkeitskrieg: Waren einige schlicht von der Richtigkeit der Ideen des FLN oder vergleichbarer nationalistischer Organisationen überzeugt, erwies sich für andere der Einfluss ihrer Familie, die extreme Armut, unter der die algerische Bevölkerung zu leiden hatte oder prägende Erlebnisse, wie die Massaker von Sétif und Guelma am 8. Mai 1945, als ausschlaggebend. In einigen Fällen – etwa wenn die Betroffene über eine medizinische Ausbildung verfügte – wurden sie auch direkt vom FLN rekrutiert.[184] Einige Frauen gingen in den *maquis*, wo sie zwar hauptsächlich traditionell weibliche Aufgaben wie Kochen, Waschen oder die medizinische Versorgung der Verwundeten wahrnahmen, jedoch teilweise auch ins Kampfgeschehen einbezogen waren. In den Städten transportierten Frauen Waffen und kamen als Informantinnen oder Bombenlegerinnen zum Einsatz, da sie in den europäischen Vierteln weniger Misstrauen erregten als Männer.[185] Die meisten agierten jedoch als „militantes civiles"[186], sie gewährleisteten den Nachschub an Proviant und Medikamenten für die militärischen Einheiten im *maquis* oder sorgten bei Bedarf für sichere Verstecke. Das Engagement der Frauen trug wesentlich zur Unabhängigkeit des Landes bei. Darüber hinaus erwies es sich auch dahingehend als revolutionär, dass die alte Gesellschaftsordnung vorübergehend ihre Gültigkeit verlor, weil durch die Präsenz der Frauen in der Öffentlichkeit und besonders im *maquis* die traditionelle Geschlechtertrennung nicht aufrechterhalten werden konnte.[187] Unmittelbar nach der Unabhängigkeit waren daher die Hoffnungen groß, dass ihr durch den Eintritt ins Kriegsgeschehen erworbener *Status quo* sich als Chance

---

[183] Amrane 1991, S.219.

[184] Vgl. Amrane 1991, S.49. Juliette Minces vertritt die Ansicht, dass Frauen vom FLN erst zu Kriegszwecken benutzt („utilized") wurden, als die Repression von französischer Seite so stark war, dass es für männliche Partisanen zu gefährlich wurde, sich innerhalb der Städte oder des Landes zu bewegen; vgl. Minces, Juliette: Women in Algeria. In: Beck, Lois und Nikkie Keddie (Hg.): Women in the Muslim world. Cambridge: Harvard University Press 1978, S.162. Amrane hingegen konnte auf der Basis ihrer Interviews aufzeigen, dass dies nur teilweise zutrifft, da einige der Interviewten explizit auf die eigene Initiative – teilweise gegen den Willen ihrer Familie – ihres Engagements verwiesen.

[185] Vgl. dazu etwa Amrane-Minne 1999, S.63ff.

[186] Amrane 1991, S.227; nach Amrane Einschätzung waren 82% der am Krieg beteiligten Frauen mit zivilen Aufgaben betraut.

[187] Vgl. dazu auch Lazreg, Marnia: The eloquence of silence. Algerian women in question. London, New York: Rouledge 1994, S.137.

für die Frauen erweisen würde, dauerhaft am öffentlichen Leben ihres Landes zu partizipieren.[188]

Geradezu euphorisch in seiner Einschätzung ob der sozialen Umwälzungen und besonders der veränderten Stellung der Frau in der algerischen Gesellschaft, die der Kampf um die Unabhängigkeit mit sich bringen würde, zeigte sich Fanon während des Krieges: Der Schleier, ursprünglich nur Teil der traditionellen maghrebinischen Kleiderordnung, sei infolge der Kolonisierung und insbesondere der Bestrebungen von französischer Seite, die algerischen Frauen zum Ablegen desselben zu bewegen, ebenso wie das verstärkte Abschirmen der Frauen vom öffentlichen Leben zu einer Art Abwehrmechanismus gegen die Kolonisatoren gediehen.[189] Durch ihr Engagement im nationalen Befreiungskampf sähe sich die algerische Frau nicht nur gezwungen, sich außerhalb des Hauses zu bewegen, auch ihre – und mit ihrer die der gesamten algerischen Bevölkerung – Einstellung zum Schleier würde sich ändern.[190] Zunächst würde die Frau ihren Schleier für die Zwecke der Revolution instrumentalisieren: Je nachdem ob es ihrem Engagement im Unabhängigkeitskrieg dienlich schiene, als traditionelle Frau oder als Europäerin wahrgenommen zu werden, würde sie sich bald verschleiert, bald unverschleiert in der Öffentlichkeit präsentieren.[191] Durch ihr Engagement im Unabhängigkeitskrieg würden die Frauen den Beweis liefern, dass sie in der Lage seien, in gleichem Maße wie die Männer Verantwortung zu übernehmen und nach und nach an Freiheit dazugewinnen. Die von Fanon beschriebene, pragmatische Funktion des Schleiers wie auch allgemeiner das Vordringen der Frauen in männliche Domänen sollte seiner Ansicht nach die algerische Gesellschaft nachhaltig verändern und die Modifikation patriarchalischer Familienstrukturen, darunter eine sukzessive Abnahme des Analphabetismus unter Frauen, das Verschwinden arrangierter Ehen oder das gleiche Anrecht der Ehepartner auf Scheidung, herbeiführen:

> „Ce sont toutes ces restrictions qui vont être bousculées et remises en question par la lutte de Libération nationale. La femme algérienne dévoilée, qui occupe une place de plus en plus importante dans l'action révolutionnaire, développe sa personnalité, découvre le do-

---

[188] Vgl. Mernissi, Fatima: Die vergessene Macht. Frauen im Wandel der islamischen Welt. Berlin: Orlanda Frauenverlag 1993, S.39.

[189] Vgl. dazu Fanon 1959, S.18ff. sowie auch Faulkner, Rita A.: Assia Djebar, Frantz Fanon, women, veils, and land. In: WLT 70, 4 (1996), S.848, Knauss 1987, S.27, Lazreg 1994, S.53 und Mernissi 1987, S.7. Der Ehrgeiz, den die kolonialen Behörden an den Tag legten, die Algerierinnen zu entschleiern, wird allgemein als ein Versuch gewertet, die algerische Bevölkerung zu spalten und die Frauen für sich zu gewinnen.

[190] Vgl. Fanon 1959, S.30: „A l'occasion de la lutte de Libération, l'attitude de la femme algérienne, de la société autochtone à l'égard du voile va subir des modifications importantes. "

[191] Fanon 1959, S.41ff.

maine exaltant de la responsabilité. La liberté du peuple algérien s'identifie alors à la libération de la femme, à son entrée dans l'histoire. «[192]

Fanons Aussagen sind keinesfalls frei von Ideologie und dienten sehr wahrschein-
lich auch propagandistischen Zwecken. Verschiedentlich wird ihm auch vorgewor-
fen, er habe die Freiheit und das Recht auf Selbstbestimmung der algerischen Frau
nicht an sich befürwortet, sondern lediglich als integrativen Teil des allgemeinen,
vom FLN geführten Unabhängigkeitskampfes angesehen.[193] Nichtsdestotrotz sollte
ihm der zeitliche Entstehungskontext seiner Positionen zugute gehalten werden,
mit denen Fanon einer Reform der Gesellschaft zugunsten der Frau weit aufge-
schlossener gegenüberstand als andere hohe FLN-Funktionäre. In der Folge sollten
seine rosigen Prophezeiungen sich allerdings nicht bewahrheiten. Zwar hatte ihre
Teilnahme am Krieg bei den Frauen Veränderungen bewirkt: Durch ihr Engagement waren sie über familiäre Grenzen hinaus in Kontakt zueinander getreten und
hatten gegenseitige Solidarität bewiesen. Darüber hinaus bot sich ihnen auch die
Gelegenheit, Verantwortung für sich selbst und andere zu übernehmen – sei es im
maquis für die unmittelbar am Krieg beteiligten Frauen, oder in Abwesenheit des
Gatten, Vaters oder Bruders innerhalb der Familie.[194] Dennoch blieben sie schon
sehr bald nach der Unabhängigkeit nicht nur hinsichtlich des Bekleidens politischer
Ämter unterrepräsentiert,[195] sondern es kam auch zu einer erneuten Absenz der
algerischen Frauen in der Öffentlichkeit:

> „Il semble que la hiérarchie sociale, estompée pendant les années de guerre pour les com-
> battantes qui luttaient et vivaient dans les mêmes conditions que les combattants, se soit,
> après l'indépendance, rétablie instantanément, remettant chacune à sa case de départ. «[196]

Unterschiedliche Faktoren spielen bei dieser Rückkehr zur traditionellen sozialen
Ordnung eine Rolle. Minces stellt zunächst fest, dass sich Fanons Vorstellung von
einer solch radikalen Umkehrung gesellschaftlicher Werte zwangsläufig als Utopie
offenbaren musste, weil er die Ursprünge der Revolution, die sich in Wirklichkeit
aus einem „act of rejection toward the colonial system"[197] schöpften, in die politische Bewegung des Sozialismus eingebettet sah. Als Vertreter eines säkularen

---

[192] Fanon 1959, S.92/93.
[193] Vgl. dazu etwa Faulkner 1996, S.847, Mohanty 2003, S.8 und Woodhull 1993, S.23/24.
[194] Vgl. Lazreg 1994, S.138.
[195] Unter den 194 Abgeordneten der neuen Nationalversammlung befanden sich lediglich zehn
Frauen, vgl. Amrane-Minne 1999, S.68.
[196] Amrane 1991, S.262; vgl. auch Marx-Scouras, Danielle: Muffled screams/stifled voices. In: YFS
82 (1993), S.173.
[197] Minces 1978, S.161.

Weltbildes habe Fanon überdies der Tatsache zu wenig Beachtung geschenkt, dass der kulturelle Kontext der algerischen Revolution ein islamischer war und die Religion der sie tragenden Bevölkerung einen starken Identifikationsrahmen bot.[198] Die patriarchalischen Strukturen der traditionellen algerischen Gesellschaft machten auch vor dem FLN, unter dem sich letztlich alle der Revolution zugetanen Bewegungen gezwungenermaßen gruppierten, nicht Halt. Nach Ende des Krieges fanden sich die weiterhin politisch aktiven Frauen in einer gesonderten Frauenorganisation zwar als Untergruppe des FLN, jedoch fernab von der Macht der Parteikader wieder.[199] Die wenigen Jahre, während derer die algerischen Frauen aktiv im Kampf um die Unabhängigkeit ihres Landes aufgetreten waren, hatten nicht genügt, um der traditionalistischen Haltung weiter Teile der männlichen Bevölkerung gegenüber dem anderen Geschlecht Abbruch zu tun. Dies schloss unmittelbar nach dem Krieg auch die junge Generation nicht aus, wie M'Rabet feststellt. Sie kommt zu dem Schluss, dass „ [...] la guerre, non, n'a pas formé les pères, pas plus que les frères: tout se passe comme s'ils se hâtaient de récupérer le temps perdu, les libertés consenties, ou arrachées: ‚Tu as milité? C'est bien, mais c'est fini' [...] "[200] Schließlich trugen auch die Frauen selbst zur Stärkung der traditionellen Gesellschaftsordnung bei: Aufgrund physischer oder psychischer Erschöpfung, aus Enttäuschung über die Politik des FLN oder auch weil sie entschieden, sich wieder verstärkt um ihre Familie zu kümmern, blieben die wenigsten nach dem Krieg auf der politischen Bühne präsent, um auf der Einforderung ihrer Rechte zu beharren.[201]

Nach der Unabhängigkeit garantierten sowohl die erste algerische Verfassung wie auch die darauffolgenden Vertragswerke von 1976 und 1989 allen Bürgern des Landes Gleichheit vor dem Gesetz und nahmen sogar explizit auf das Verbot der Diskriminierung einer Person aufgrund ihres Geschlechtes Bezug.[202] Plädierte der erste Präsident des unabhängigen Algerien, Ahmed Ben Bella, noch vordergründig für die „libération de la femme", deren Erreichen er als „problème dont la solution est un préalable à toute espèce de socialisme"[203] charakterisierte, und schenkte damit vielen Algerierinnen die Illusion, ihre Gleichstellung ließe sich im Rahmen des

---

[198] Vgl. Knauss 1987, S.94.
[199] Vgl. Knauss 1987, S. 75, 83 u. 95.
[200] M'Rabet, Fadela: La femme algérienne suivi de Les Algériennes. Paris: Maspero 1969, S.55.
[201] Vgl. Amrane 1991, S.266.
[202] *Charte Nationale* von 1976, zitiert in Knauss 1987, S.136: „All citizens are equal in rights and duties. Any discrimination based on sex, race or occupation is forbidden"; zur Gleichstellung aller Bürger in der algerischen Verfassung vgl. auch Amrane-Minne 1999, S.69 und M'Rabet 1969, S.13 u. 85.
[203] Zitiert in M'rabet 1969, S.12.

algerischen Sozialismus realisieren, so war er in Wahrheit wenig an der Förderung von Frauen interessiert, sondern vertrat vielmehr „decidedly patriarchal views."[204] Spätestens mit der Machtübernahme Houari Boumediennes 1965 nahm der „‚spezifische' Sozialismus Algeriens"[205] jedoch ohnehin einen konservativeren Einschlag an. Unter einer stärkeren Rückbesinnung auf die Religion wurden zunehmend Konzessionen an auf der Tradition beharrende islamische Kräfte im Land gemacht, was letztlich zur Verabschiedung des vor allem im Hinblick auf die algerische Verfassung regressiv erscheinenden und in Teilen auf der *shari'a* basierenden *Code de la famille* führte. Seine erste Ausarbeitung von 1981 wurde zwar aufgrund der vehementen Proteste von Frauenorganisationen in letzter Minute zurückgezogen. Dessen ungeachtet verabschiedete die Nationalversammlung jedoch im Jahr 1984 in aller Stille seine zweite, nur unerheblich modifizierte Version.[206] Der *Code de la famille* schwächte die rechtliche Position der algerischen Frauen, indem er ihnen den in der Verfassung festgeschriebenen Status der Gleichberechtigung aberkannte:

> „Die Frauen können am öffentlichen Leben teilnehmen, haben aber *de jure* nicht den gleichen Status wie die Männer. Sie sind der Autorität des Mannes unterworfen, im besonderen in der Keimzelle der Gesellschaft – der Familie."[207]

So spricht der *Code* ausschließlich Männern das Recht auf Scheidung zu, während Frauen eine Scheidung nur mit Einwilligung des Ehemannes initiieren können. Er bestätigt das Recht des Mannes auf Polygamie, gesteht der Frau das Recht auf Arbeit jedoch nur unter Einwilligung ihres Ehegatten zu.[208] Obgleich algerische Frauen in der Folge Anstrengungen unternahmen, den Kampf um ihre Gleichberechtigung voranzutreiben und es in den ausgehenden 1980er Jahren vermehrt zur Gründung von Frauenorganisationen kam,[209] konnten sich hohe Arbeitslosigkeit,[210] der Machtzugewinn islamischer und islamistischer Strömungen, besonders jedoch der

---

[204] Knauss 1987, S.98; vgl. auch Lazreg 1994, S.145.

[205] Meyer, Bärbel: Analphabetentum und die Marginalisierung der Frau in Algerien. In: ZfK 40,1 (1990), S.64; vgl. auch Knauss 1987, S.108ff.

[206] Zum *Code de la famille* vgl. Amrane-Minne 1999, S.71/72, Knauss 1987, S.125 sowie Lazreg 1994, S.150ff.

[207] Meyer 1990, S.65.

[208] Vgl. Knauss 1987, S.126-128.

[209] Vgl. Amrane-Minne 1999, S.72.

[210] Fatima Mernissi geht davon aus, dass in Zeiten wirtschaftlicher Krisen der Druck auf Frauen, die einen Arbeitsplatz außerhalb des Hauses anstreben, ungleich größer ist als in Perioden florierender Ökonomie. Im Falle hoher Arbeitslosigkeit sollen in patriarchalischer Tradition die wenigen verbleibenden Arbeitsplätze den Männern als Ernährern der Familie vorbehalten sein, vgl. Mernissi 1987, S.160: „To keep women inside the home, under the control of men, satifies needs both psychological and economic in a Third World country in which the economy is in deep crisis and is strongly dependent."

Bürgerkrieg der 1990er Jahre für ihre emanzipatorischen Bestrebungen nur kontraproduktiv erweisen.[211]

4.3 Traditionelle[212] Frauen und ihre Artikulationsmöglichkeiten im *Quatuor algérien*

Dass die islamische Gesellschaftsordnung traditionell die Absenz der Frau aus oder mindestens ihr Schweigen in der Öffentlichkeit fordert, kann zu der Annahme verleiten, für traditionelle algerische Frauen bestünde keinerlei Möglichkeit, sich zu artikulieren.[213] Eine solch simplifizierte und gleichzeitig kennzeichnend okzidentale Wahrnehmung der zum Schweigen verurteilten algerischen Frau teilt die Soziologin Lazreg keineswegs. Im Gegenteil sieht sie die Frauen – auch in der traditionellen Gesellschaft von vor dem Zweiten Weltkrieg – im Besitz differenzierter Kommunikationsstrategien:

> „However, under this structurally imposed silence [ihres Analphabetentums] a whole range of activities took place that required women's voices. Women's lives were filled with talk adapted to the gender and political status of their audience. Women's talk as well as silence are linked to the sexual division of labor. Women learned their communicative skills in the family – both the locus of their lives and a contested terrain."[214]

Während Lazreg zufolge Frauen untereinander stets frei von Restriktionen kommunizierten, bestehen die von ihr genannten Kommunikationsstrategien – besonders in Präsenz von Männern und bei Themen, über diese letztere keinen verbalen Austausch wünschten – etwa aus Anspielungen, Sprichwörtern oder offenbaren sich mittels einer elaborierten Körpersprache.[215] Demnach ist algerischen Frauen seit jeher, zwar nicht in der Öffentlichkeit und auch nicht uneingeschränkt in dem Falle, dass männliche Familienmitglieder zugegen sind, die Möglichkeit gegeben, ihre Bedürfnisse zu artikulieren. Wird außerdem der Tatsache Rechnung getragen,

---

[211] Zur aktuellen rechtlichen und gesellschaftlichen Stellung algerischer Frauen siehe auch Lazarus, Joyce: Writing as Resistance: Assia Djebar's Vaste est la prison. In: JIWS 11 (2010), S.84/85.

[212] „Traditionell" bezieht sich hier auf fehlende schulische Bildung sowie ein Leben im Harem.

[213] Vgl. dazu Erickson, John: Islam and postcolonial narrative. Cambridge: Cambridge University Press 1998, S. 45: „In a real sense, woman in traditional Arabo-Berber society occupies a non-state. Nor does the concept of the couple exist, for the woman is invisible, without name, without identity other than as chattel." und S.42: „The woman in traditional Maghrebian society as Djebar portrays her is silenced and silent."

[214] Lazreg 1994, S.106.

[215] Lazreg 1994, S.106.

dass in der traditionellen algerischen Großfamilie stets mehrere Generationen Platz unter einem Dach fanden und somit die Frauen mehrerer Generationen in demselben Harem lebten, kommt der Kommunikation innerhalb reiner Frauengemeinschaften eine umso größere Relevanz zu. Nach M'Rabets Ansicht verhindert diese geschlechtsspezifische Kommunikation eine Verständigung über die Barrieren der Geschlechter hinweg und führt – weil algerische Männer bezüglich der weiblichen Kommunikation eine ähnliche Außenperspektive einnehmen wie okzidentale Beobachter – dazu, dass Frauen, wenn sie versuchen, sich bei den Männern Gehör zu verschaffen, von diesen nicht ernst genommen werden:

> „Ainsi elle [die algerische Frau, DH] ne parle pas – elle pousse des youyou, comme d'autres, des glapissements, elle *bavarde* (jacasse) avec ses voisines, crie, pleure, geint [...] – bref son langage, comme celui des bêtes, se réduit, pour l'homme, à l'expression des émotions, et pas plus qu'on ne discute avec un perroquet, on ne parle à une femme."[216]

Im Gegensatz dazu hat Assia Djebar das, was sie als „eine Art Geheimsprache"[217], als „,langue des femmes' à usage parallèle, le plus souvent clandestin et occulte"[218] bezeichnet, stets mit einem liebevollen Blick bedacht und den besonderen, sich von der Sprache der Männer abhebenden Ausdrucksweisen der algerischen Frauen in ihren Werken verstärkte Aufmerksamkeit gewidmet.[219] Zwar kritisiert sie das unter ihnen fortbestehende Analphabetentum, ihre mangelnde Bildung, die sie davon abhält, die ihnen prinzipiell zugestandenen Rechte wahrzunehmen[220] und fordert sie durch die Stimme Sarahs, einer Figur aus *Femmes d'Alger* auf, ihr Schweigen zu brechen:

> „Je ne vois pour les femmes arabes qu'un seul moyen de tout débloquer: parler, parler sans cesse d'hier et d'aujourd'hui, parler entre nous, dans tous les gynécées, les traditionnels et ceux des H.L.M. Parler entre nous et regarder. Regarder dehors, regarder hors des murs et des prisons!" (FA, 127/128).

Wie dies auch in Sarahs Appell offensichtlich wird, plädiert Djebar jedoch keineswegs für ein Vorantreiben der Emanzipation algerischer Frauen auf Kosten der

---

[216] M'Rabet 1969, S.14; Hervorhebung im Text.

[217] Djebar, Assia: Die geheime Sprache der algerischen Frauen. In: Literaturen 10 (2000a), S.42; im vorliegenden Interview erläutert Assia Djebar, wie sie sich infolge der Dreharbeiten zu ihrem Film *La Nouba* bewusst wurde, dass die algerischen Frauen über ihnen eigene Codes verfügen, die ihre Sprache von derjenigen der Männer unterscheidet und sie auf diese Weise wieder Annäherung an ihre Muttersprache fand.

[218] Djebar 1999i, S.36.

[219] Vgl. u. a. Donadey 1998, S.112 und Huughe 1996, S.874.

[220] Djebar 1999f, S.76.

traditionellen Kommunikationsstrukturen. Erscheint dies einerseits einer gewissen Nostalgie geschuldet, so präsentiert sich andererseits Djebars Anspruch an ihr eigenes Schreiben auch nicht als emanzipatorisch in dem Sinne, dass sie Frauen durch ihre literarische Tätigkeit von der Last der Traditionen zu befreien anstrebt:

> „Der Ausgangspunkt meines Schreibens ist kein ideologisches Begehren, kein Glaube an die Emanzipation. Ich bin kein Sprachrohr, und in diesem Sinne habe ich mit keiner Politik etwas zu schaffen. Das heißt aber auch nicht, dass ich einfach für die Tradition bin. Ich komme aus einem Land, in dem es die verschiedensten Frauen gibt. [...] Ich fühle mich den anderen nicht überlegen, will ihnen keine Lektion erteilen. Es ist wichtig für mich, an der Seite der Frauen meiner Kultur zu sein."[221]

Sie betrachtet es indes als ihre Aufgabe, aus ihrer privilegierten Situation einer Intellektuellen heraus, die den Harem hinter sich lassen konnte, durch ihre algerische Herkunft aber trotzdem Zugang zu ihm hat, in ihren Werken das Zusammenleben und die Ausdrucksmöglichkeiten weniger privilegierter Frauen, denen der Zugang zur Schrift als Medium dauerhafter Konservation kultureller Prozesse fehlt,[222] festzuhalten:

> „Le lecteur est progressivement amené à prendre connaissance d'une vie communautaire, à l'intérieur de l'espace féminin où, même si autrement il est omniprésent, l'homme n'a pas de place. Le lecteur découvre alors un monde où les femmes se retrouvent entre elles, des tranches de vie qu'elles sont seules à partager, un monde où les femmes se racontent, où elles chantent et où elles *parlent*. "[223]

---

[221] Djebar 2000, S.44.

[222] In seiner Unterteilung des kollektiven Gedächtnisses in ein kommunikatives Gedächtnis einerseits und ein kulturelles Gedächtnis andererseits, stellt J. Assmann fest, dass letzteres identitätsstiftend wirkt und die in ihm enthaltenen Informationen von den Mitgliedern einer Gruppe geteilt werden. Da es nur an seine Träger gebunden existiert, ist mit dem Auflösen der Gruppe stets auch ein Verlust der sie auszeichnenden Traditionen und Erinnerungen verbunden, es sei denn, das Medium der Schrift sorgt für ihre dauerhafte Konservation, vgl. Assmann 1999, S.21ff. Das kulturelle Gedächtnis der algerischen Frauen läuft nicht unmittelbar Gefahr verloren zu gehen, sondern bleibt vor allem Nichtgruppenmitgliedern verborgen. Durch ihre schriftliche Fixierung sorgt Djebar daher nicht nur für seine Konservation, sondern gewährleistet überdies die Partizipation einer breiteren Allgemeinheit an den Traditionen der Frauen.

[223] Gafaïti 1996, S.209; Hervorhebung im Text. Vgl. auch Calle-Gruber 2000, S.216; Erickson 1998, S.52; Kulessa, Rotraud von: Langue – corps – identité. L'écriture autobiographique dans l'œuvre d'Assia Djebar. In: Gronemann, Claudia und Susanne Gehrmann (Hg.): Les enJEux de l'autobiographie dans les littératures de langue française. Paris: l'Harmattan 2006, S.266 sowie Ruhe, Doris: Scheherazades Botschaft. Sinnfülle und Sinnentzug in Assia Djebars Ombre Sultane. In: Ruhe, Ernstpeter (Hrsg.): Europas islamische Nachbarn Bd.2. Würzburg: Königshausen & Neumann 1995, S.63.

Dieses Anliegen setzt Djebar nicht nur insofern um, als sie in ihrem Text dem Leser ohne ihr Interagieren verborgen bleibende spezifische Verhaltens- und Kommunikationsmuster algerischer Frauen preisgibt. Von ebenso großer Wichtigkeit erscheint es ihr auch, die Eigentümlichkeiten, die das „arabe souterrain" (FA, 7) der Frauen aufweist, in ihrem französischen Text beizubehalten. Die Muttersprache ist in ihren Texten daher nicht nur durch die Entfremdungsstrategien von „glossing" „interlanguage" präsent.[224] Sie charakterisiert sich auch, was die Kommunikation der Frauen betrifft, in ihren nonverbalen Artikulationsweisen – ihrer Körpersprache, ihrem Seufzen, Weinen, Klagen oder Schreien –, die als integraler Bestandteil des weiblichen Idioms ebenso in Djebars Texten Platz finden.[225]

4.3.1 Harem und Hammam

In den ersten drei Teilen ihres *Quatuor* konzentriert Djebar ihre Aufmerksamkeit auf die Lebensweise und die Kommunikation traditioneller algerischer Frauen, wobei sie Sorge trägt, diese nicht als Opfer ihrer Kultur erscheinen zu lassen. Als wichtige Stätte weiblicher Kommunikation erweist sich dabei, zumal die Frauen das Haus nur selten verlassen, der Harem. Djebar räumt ihm als solchem insbesondere in *Ombre Sultane* einen hohen Stellenwert ein: Die zahlreichen Frauen, an die sich die Erzählerin Isma als Teil ihrer Kindheit erinnert, treffen in den Patios nicht nur zum nachmittäglichen Plausch zusammen,[226] sondern finden auch bei ihrer gemeinsamen Arbeit Zeit zum Austausch, so etwa bei den Vorbereitungen des Festmahls anlässlich einer großen Feier, die die Männer getrennt von den Frauen begehen (OS, 147ff.). Bei diesen Zusammentreffen steht es den Frauen frei, ihre Meinung kundzutun. An das Ohr der Erzählerin dringt auf diese Weise die Klage einer der mit der Vorbereitung des Essens für die Festgemeinschaft betrauten Frauen, die die zahlreichen Bürden ihres Lebens verflucht:

[224] Vgl. Kap.3.3.

[225] Vgl. dazu auch Crosta, Suzanne: Stratégies de subversion et de libération: l'inscription et les enjeux de l'auditif et du visuel chez Assia Djebar et Ousmane Sembène. In: Niang, Sada (Hrsg.): Littérature et cinéma en Afrique francophone. Ousmane Sembène et Assia Djebar. Paris: l'Harmattan 1996, S.69 und Niang, Sada: Langues, cinéma et création littéraire chez Ousmane Sembène et Assia Djebar. In: Niang, Sada (Hrsg.): Littérature et cinéma en Afrique francophone. Ousmane Sembène et Assia Djebar. Paris: l'Harmattan 1996, S.106.

[226] Djebar, Assia: *Ombre Sultane*. Paris: Albin Michel 2006, S.116ff. Bibliografische Verweise auf Zitate aus dem Roman werden nachfolgend im fortlaufenden Text angegeben.

„Jusqu'à quand, ô maudite, cette vie de labeur? Chaque matin, chaque midi et chaque soir, mes bras s'activent au-dessus du couscoussier! La nuit, nul répit pour nous les malheureuses! Il faut que nous les subissions encore, eux, nos maîtres, et dans quelle posture – la voix sursaute, l'accent se déchire en rire amer –, jambes dénudées face au ciel"(OS, 149).

In diesem Fall zeigen sich die Gesprächspartnerinnen, auch weil sie fürchten, die Klage könnte ungewollte Zuhörer finden, bemüht, sie zu beschwichtigen. Völlig anders reagiert eine Tochter angesichts der ergebenen Seufzer ihrer Mutter, aufgrund ihrer häufigen Schwangerschaften hinter ihrem Rücken als „la pondeuse" (OS, 190) bezeichnet, die sich bei Cousinen und Tanten über eine erneute Schwangerschaft beklagt. Während die Frauen versuchen, mitfühlende Worte zu finden, macht die Tochter, die fortwährend Zeugin des nächtlichen Beischlafs der Eltern wird, zum Schock aller Anwesenden in aggressivem Ton die Mutter selbst für ihren Zustand verantwortlich:

> „Soudain, la vierge de quinze ans, l'index pointé sur sa mère, se dressa, en pleine assem-blée: – Non, c'est de ta faute, Mma! De ta seule faute! Si au moins, chaque nuit, quand l'homme t'appelle en tapant de sa babouche le sol, tu n'accourais pas vers lui, si tu ne te levais pas!" (OS, 193).

Prägen sich solche Situationen als „chœur de soumissions prêtes à la révolte" (OS, 119) in das Gedächtnis der Erzählerin ein und scheinen charakteristisch für das Leben der traditionellen algerischen Frauen zu sein, so stellen sich ihre Zusammenkünfte freilich nicht immer so dramatisch dar. Meist nehmen sie in Form von „[b]avardages épars à heure fixe, voix entrecroisées de rires étouffés, de commera-ges sur les maisons voisines" (OS, 118) in der gelösten Atmosphäre heißer Nach-mittage einen entspannten Ablauf und dienen einerseits der Beleuchtung der – auf-grund der in Algerien üblichen endogamen Heiratspraxis – oft komplizierten Ver-wandtschaftsverhältnisse (OS, 116/117). Andererseits suchen die Frauen in ihnen jedoch auch die Möglichkeiten zukünftiger Allianzen zu sondieren.
In *Vaste est la prison* erfolgt dies, als die Frauen der Familie zur Hochzeitsfeier einer Cousine zusammentreffen: Die Erzählerin Isma, zum Zeitpunkt des Festes knapp vierzehn Jahre alt, präsentiert sich zum ersten Mal im eleganten Kleid als Frau in der Gesellschaft und wird zum Objekt der Spekulation zweier Frauen, de-ren eine auf der Suche nach einer geeigneten Ehefrau für ihren Sohn ist:

> „Pourtant, s'exclame l'une des matrones, la plus opulente, au verbe haut, moi, si son père la remettait…enfin, la faisait ,voiler', c'est-à-dire réentrer dans le noir de la protection de nos demeures, sans hésiter, je la demanderais en mariage pour mon premier fils! Je la lui

décrirais comme elle est là, maintenant, avec sa taille, son port et ses yeux si ardents! C'est sûr! Je la demanderais, et mon fils, je le sais, en serait heureux!" (VP, 279).

Feierlichkeiten unterschiedlicher Art erlauben es den Frauen, auch außerhalb der Harems zusammenzutreffen und verschaffen ihnen Gelegenheit, unbehelligt zu kommunizieren. Neben Hochzeitsgesellschaften gehören dazu auch Trauerfeiern für verstorbene Verwandte. So versammeln sich in *Vaste est la prison* die Frauen zur Totenwache für Chérifa, die Tante der Erzählerin (vgl. VP, 237). Fröhlichere Anlässe weiblichen Zusammentreffens sind dagegen die Ausflüge zu den „sanctuaire[s]", den Grabstätten der Familien- oder Dorfheiligen, welche „[j]eunes filles et femmes de la famille, des maisons voisines et alliées" (AF, 179) von Zeit zu Zeit unternehmen und die nicht nur der an den Heiligen gerichteten Fürbitte dienen, sondern gleichermaßen dem Amüsement der Frauen.

Neben dem Harem repräsentiert auch der Hammam, „lieu des femmes par excellence dans la société maghrébine traditionnelle",[227] einen zentralen Ort weiblicher Kommunikation. Als Ort der körperlichen und spirituellen Reinigung wird er in regelmäßigen Abständen von muslimischen Gläubigen aufgesucht.[228] Neben dieser primären Funktion kommen dem Hammam jedoch auch weitreichende soziale Funktionen zu: Er dient als Zentrum der Kommunikation, in dem die Badenden sich austauschen und überdies auch nützliche Informationen, „more or less complete biographical accounts of the members of the families living around the *hammam*",[229] einzuholen vermögen. Diese erweisen sich insbesondere für Frauen als wichtig, weil sie so einerseits potentielle Heiratskandidatinnen für ihre männlichen Verwandten ausmachen können (oder als solche entdeckt werden), das vierzehntägige oder gar wöchentliche Baderitual für manche von ihnen andererseits auch die einzige Möglichkeit darstellt, den Harem für einige Stunden zu verlassen, da ein gläubiger Muslim seiner Frau die rituelle Reinigung nicht untersagen darf.[230]

Als Stätte weiblicher Kommunikation tritt der Hammam auch in Assia Djebars Werk hervor.[231] Bereits in *Die Ungeduldigen* fungiert er als Instanz der Heirats-

---

[227] Scharfman, Ronnie: Regards du sujet, sujets du regard: Vaste est la prison d'Assia Djebar. In: Ruhe, Ernstpeter (Hrsg.): Assia Djebar. Würzburg: Königshausen & Neumann 2001, S.126.

[228] Vgl. Bouhdiba, Abdelwahab: La sexualité en Islam. Paris: PUF ²2004, S.197: „La purification rituelle […] est de règle après les activités physiologiques. Se laver, se nettoyer, se purifier, se parfumer, prendre soin de son propre corps a toujours été l'obligation coranique la plus largement observée à travers tous les pays et toutes les époques touchées par l'islam. Rien d'étonnant dès lors que l'institution du bain public (hammam) se soit développée de manière rapide et systématique en même temps que l'islam connaissait son expansion. "

[229] Mernissi 1987, S.123.

[230] Vgl. Segarra 1997, S.122 und Crosta 1996, S.58.

[231] Vgl. auch Mortimer 1997, S.108.

vermittlung: Dalila, die Protagonistin des Romans, wird von Tamani, einer Bekannten ihres Elternhauses, nahegelegt, sich in den Hammam zu begeben, um sich dort als Frau im heiratsfähigen Alter zu präsentieren.[232]

In Djebars späteren Werken tritt seine Funktion als Ort weiblicher Solidarität und ungestörter Kommunikation in den Vordergrund: So treffen in der Titelnovelle von *Femmes d'Alger dans leur appartement* mit Baya, Sonia, Sarah und der Französin Anne im Hammam zwar vier Frauen aufeinander, die sich durch ihre Berufstätigkeit außerhalb des Harems bewegen und nicht das Leben traditioneller algerischer Frauen führen. Dennoch repräsentiert der Hammam für sie einen Ort, an dem alle – explizit oder stillschweigend – an den persönlichen, familiären oder auch beruflichen Problemen der anderen partizipieren können und an dem Sarah ihren entstellten Körper – von einer Folter im Unabhängigkeitskrieg hat sie Narben zurückbehalten – offen zur Schau tragen kann (FA, 95ff.). Desgleichen fungiert der Hammam in *Ombre Sultane* primär als Ort weiblicher Solidarität: Für Hajila, deren Mann sie in der Wohnung gefangen hält und ihr den Schlüssel weggenommen hat, seitdem er von ihren heimlichen Ausflügen in die Stadt erfahren hat, ist das „bain maure" (OS, 212) die einzige Möglichkeit, für einige Zeit das Haus zu verlassen und mit anderen Personen zu kommunizieren, ohne seinen Argwohn zu erregen. So bietet der Hammam auch die einzige Chance für Isma, die mit demselben Mann verheiratet ist, jedoch getrennt von ihm lebt, ein Treffen mit ihrer Nachfolgerin zu vereinbaren, um Hajila eine Ausfertigung des Wohnungsschlüssels (OS, 219) zu überreichen, freilich nachdem sie diese erst durch ihr eigenes Interagieren – Isma hat die Hochzeit zwischen ihrem vormaligen Gatten und Hajila arrangiert – in ihre missliche Lage hineinmanövriert hat. Weist die Übergabe des Schlüssels einerseits darauf hin, dass Isma vollständig das Feld räumt und in ihrer Mitehefrau weit mehr eine Gleichgesinnte als eine Rivalin sieht, so eröffnet sich durch ihr Eingreifen andererseits für Hajila die Möglichkeit, ihre stille Revolte gegen den Harem fortzusetzen. Sie kann ihre heimlichen Ausgänge erneut aufnehmen und so der von ihr unerwünschten Schwangerschaft ein Ende bereiten (OS, 226).

In *Vaste est la prison*, dessen Eröffnungssequenz *Le silence de l'écriture* sich ebenfalls im Hammam zuträgt, tritt seine kommunikative Funktion in den Vordergrund: Isma, die Erzählerin, findet sich dort mit ihrer Schwiegermutter zur samstäglichen Badezeremonie ein.[233] Während die Schwiegermutter den Besuch im Hammam als eine Gelegenheit wahrnimmt, ihre sozialen Kontakte zu pflegen und

---

[232] Vgl. Djebar, Assia: *Die Ungeduldigen*. München: Heine 1990, S. 54 u.56ff.

[233] Die Episode des Hammam in *Vaste est la prison* wurde bereits unter dem Aspekt der Romanstruktur (Kap.3.1) sowie unter demjenigen der Repräsentation muttersprachlicher Elemente in Djebars französischem Text (Kap.3.3) betrachtet.

sich mit ihren Freundinnen über die neuesten Ereignisse auszutauschen (VP, 12), zeigt sich Isma mehr als stille Beobachterin des lebhaften Geschehens (VP, 13), die den Konversationen der Schwiegermutter lauscht und sich von dieser über die Verwandtschaftsverhältnisse der anwesenden Frauen aufklären lässt. Im Verlauf eines Besuchs wohnt sie so eines Tages einem Gespräch bei, in dem die Schwiegermutter eine im Aufbruch begriffene Freundin zum längeren Verweilen auffordert, weil sie ihrer Gesellschaft nur ungern entbehrt. Die andere Dame, „sincèrement ennuyée" (VP, 13) und ihren Ausflug sichtlich ungern beendend, erläutert daraufhin in einem einzigen Satz den Grund ihrer vorzeitigen Heimkehr: „L'ennemi est à la maison!" (VP, 13). Isma, deren Bewegungsfreiheit sich nicht auf den Harem beschränkt, vermag sich auf den Sinn dieses Satzes keinen Reim zu machen, wohingegen es für ihre Schwiegermutter keiner weiteren Ausführungen bedarf, sie versteht sogleich. Auf Ismas Frage, wer denn mit „ennemi" gemeint sei, erklärt sie dieser, „ennemi" sei eine unter Frauen übliche Bezeichnung für den Ehemann: „Ne sais-tu pas comment, dans notre ville, les femmes parlent entre elles? [...] L'ennemi, eh bien, ne comprends-tu pas: elle a ainsi évoqué son mari!" (VP, 14). Auf das Beharren der Schwiegertochter hin, die Dame mache nicht den Eindruck, besonders unglücklich verheiratet zu sein, und brüskiert ob eines solchen Maßes an Naivität, versucht sie ihr zu klarzumachen, „l'ennemi" sei nicht negativ konnotiert, sondern lediglich „une façon de dire" (VP, 14), derer sich die Frauen unter sich bedienten, „sans qu'ils les sachent, eux" (VP, 14).

Bei ihren Transkriptionen der Äußerungen arabischer Frauen trägt Djebar stets Sorge, deren „timbre féminin, ihre „[l]angue desquamée, de n'avoir jamais paru au soleil" (FA, 8) in ihrem französischen Text zu absorbieren, um die Originalität der eingefangenen Stimmen zu bewahren. Auf verbaler Ebene kann dies mittels wörtlicher Übersetzungen erfolgen: In *Vaste est la prison* bleibt so das im Arabisch der Frauen gebräuchliche und durchaus alltäglich verwendete, im Französischen jedoch ungewöhnlich anmutende Wort „ennemi" als Bezeichnung der Frauen für ihre Ehemänner stehen. Da algerische Frauen ihre Männer traditionell nicht beim Vornamen nennen, sondern sich des Pronomens in der dritten Person Singular – im Französischen also „il" – bedienen, wenn sie über diese sprechen (vgl. auch AF, 54), fängt Djebar darüber hinaus konsequent auch diese Eigentümlichkeit des weiblichen Idioms ein. So macht in *Ombre Sultane* Hajilas Mutter von diesem Pronomen Gebrauch, wenn sie ihrer Tochter vorschlägt, nachdem sich nach einigen Monaten Ehe bei dieser noch keine Schwangerschaft eingestellt hat und sie sich ob ihrer eventuellen Unfruchtbarkeit besorgt zeigt, ihr Mann solle sie zu einem Arzt begleiten: „Demande-lui qu',il' t'emmène chez le médecin! N'attends pas que ce soit trop tard! Pourquoi ,trop tard'? allais-tu répliquer? Mais tu ne répondais pas.

Comment dire qu',il' était le responsable? " (OS, 31). An anderer Stelle ruft in *L'Amour, la fantasia* die Missachtung dieser Konvention seitens der Mutter der Erzählerin – einer Frau, die sich aufgrund der Stellung ihres Mannes als Französischlehrer die koloniale Sprache sukzessive angeeignet und dabei einige ihrer Kommunikationsregeln übernommen hat – unter ihren Gesprächspartnerinnen ein solches Erstaunen hervor, dass sie sich gezwungen sieht, auf traditionelle Muster weiblicher Konversation zu rekurrieren, wo dies der Gesprächssituation dienlich scheint:

> „ [...] ma mère, bavardant en arabe avec ses sœurs ou cousines, évoquait presque naturellement, et même avec une pointe de supériorité, son mari: elle l'appelait, audacieuse nouveauté, par son prénom! [...] Avec ses tantes ou ses parentes plus âgées, elle revenait au purisme traditionnel, par pure concession cette fois: une telle libération du langage avait paru, à l'ouïe des vielles dévotes, de l'insolence ou de l'incongruité..." (AF, 55).

Auf verbaler Ebene nutzt Djebar andererseits auch die Möglichkeit, auf das *wie* weiblicher Äußerungen Bezug zu nehmen: Der Aussage der Frau in *Ombre Sultane*, die die Mühsal ihres Alltags beklagt, folgt aus diesem Grund sogleich eine Beschreibung des Tonfalls ihrer Äußerung: „La plainte, en langue arabe, s'est déroulée en deux mouvements de prose rimée, improvisée. Mots hachurés, en vain retenus par les ‚chut' des compagnes effarouchées" (OS, 49).

4.3.2 Non – und extraverbale Artikulationsmöglichkeiten

Ebenso wie ihre verbale Artikulation erweisen sich in Djebars Texten auch die Möglichkeiten non- und extraverbaler Kommunikation von Bedeutung für die Sprache der algerischen Frauen,[234] denn schließlich – so die Autorin – nennt unabhängig von Alter und Bildungsstand jede Frau neben dem Arabischen und dem Berberischen, und in dem Falle, dass sie die Schule besucht hat, auch dem Französischen eine vierte Ausdrucksweise – die Körpersprache – ihr eigen:

> La quatrième langue, pour toutes, jeunes ou vieilles, cloîtrées ou à demi émancipées, demeure celle du corps que le regard des voisins, des cousins, prétend rendre sourd et aveugle, puisqu'ils ne peuvent plus tout à fait l'incarcérer; le corps qui, dans les transes, les danses ou les vociférations, par accès d'espoir ou de désespoir, s'insurge, cherche en analphabète la destination, sur quel rivage, de son message d'amour" (AF, 254/255).

---

[234] Siehe auch Crosta 1996, S.69.

Die Bedeutung der Körpersprache gestaltet sich in Djebars filmischem Werk derart essentiell, dass die verbalisierten Äußerungen in *La Nouba* lediglich der Untermalung und Explikation der „mouvements, gestes, attitudes et intentions des personnages"[235] dienen. Dies trifft für die Romane des *Quatuor* zwar nicht in demselben Maße zu. Dennoch erweisen sich die non- und extraverbale Kommunikation in ihnen als nicht zu vernachlässigendes Moment, das sich bereits in *L'Amour, la fantasia* ankündigt. In dessen letztem Teil *Les voix ensevelies* unterstreicht schon der Titel, dass es sich bei der Fülle sich nachfolgend präsentierender, teils anonym bleibender Stimmen um weibliche handeln muss. Von den einzelnen Kapiteln, die er unter sich gruppiert, finden sich diejenigen, die Episoden aus dem Leben traditioneller Frauen thematisieren, mit Begriffen überschrieben, die extraverbale Momente ihrer Artikulation hervorheben, unter diesen „Clameur", „Chuchotements", „Conciliabules" sowie „Tzarl-rit" (AF, 175ff.).[236] Weibliche Gesangsrunden – wie sie etwa die Trauerfeier für die Tante der Erzählerin in *Vaste est la prison* repräsentiert (VP, 235ff.) – nehmen eine Art Mittelstellung zwischen verbaler und extraverbaler Kommunikation ein: Während des Singens kommt keine spontane Kommunikation zustande, durch die Inhalte vermittelt werden sollen, sondern eine ritualisierte, deren hauptsächliche Zwecke im gegenseitigen Kontakthalten sowie im Erzeugen eines Gemeinschaftsgefühls bestehen.

Eine Art der nonverbalen Kommunikation der traditionellen Frauen stellt dagegen ihr Tanz dar. Wie der Gesang ist auch der Tanz wesentlicher Bestandteil gemeinsam begangener Feierlichkeiten. In *Vaste est la prison* präsentiert dieser sich anlässlich der Hochzeit einer Verwandten, zu der die Frauen sich versammeln und wo Jung und Alt sich nach Belieben zum Takt der Musik bewegen (VP, 277ff.). Mehr als ein bloßer Zeitvertreib, der für ausgelassene Stimmung sorgt, nimmt der Tanz dabei auch eine wichtige soziale Funktion ein: Er fungiert als Ventil für angestaute Frustrationen und bietet den Frauen eine Möglichkeit, ihre Aggressionen abzubauen, die sie ob ihres Daseins im Harem empfinden mögen und die zu kanalisieren sie sich anderweitig außer Stande sehen.[237] Neben Isma, die tanzt, um sich am „plaisir neuf du corps" (VP, 278) zu erfreuen, das sie angesichts ihrer Jugend-

---

[235] Niang 1996, S.109.

[236] „Tzarl-rit" wird von der Autorin selbst anhand zweier Wörterbucheinträge gleich am Kapitelanfang definiert als „pousser des cris de joie en se frappant les lèvres avec les mains" respektive „crier, vociférer (les femmes, quand quelque malheur leur arrive)" (AF,305); zum Unterstreichen extraverbaler Kommunikationspartikel in den Kapitelüberschriften von *L'Amour, la fantasia* vgl. auch Brahimi, Denise: L'Amour, la fantasia: une grammatologie maghrébine. In: Arnaud, Jacqueline (Hrsg.): Littératures maghrébines Bd.2. Paris: l'Harmattan 1990, S.121/122.

[237] Zur Funktion des Tanzens siehe auch Rocca, Anna: Assia Djebar, le corps invisible. Voir sans être vue. Paris: l'Harmattan 2004, S.142: „La danse est donc utilisée pour exprimer la souffrance et l'accepter à travers ce rite d'oubli éphémère. "

lichkeit verspürt, lassen „devant l'orchestre des musiciennes de la ville" (VP, 277) daher auch einige der „séquestrées" (VP, 278) ihren Gefühlen freien Lauf und entledigen sich durch ihr Tanzen eines ihnen selbst nicht bewussten Bedürfnisses nach Freiheit: „Quelques dames mûres, autour, dansent aussi. Elles interprètent, malgré elles, peu à peu leur peine et leur besoin de sortir, de se précipiter au plus loin, au soleil dardant, [...] " (VP, 278).

Eine besondere Art dieses zumindest primär dem Vergnügen dienenden Tanzens der Frauen stellt das wilde, nahezu orgiastische Tanzen einer einzelnen Frau dar, durch das diese sich in einen Trance-Zustand versetzt (*jdib*). Es verfolgt explizit einen kathartischen Zweck: Die Betroffene sucht auf diese Weise, sich von ihrer Trauer, ihren Sorgen, Ängsten oder auch Aggressionen zu läutern. Dass derartige, der Katharsis dienende Praktiken – neben dem „*zyara* or visit to the grave of a saint",[238] einer weiteren Form, den Zustand physischer und psychischer Läuterung zu erlangen – in der traditionellen algerischen Gesellschaft gang und gäbe waren, unterstreicht Lazreg:

> „ [...] whenever a woman felt that her problems were getting the better of her, she would organize a *jdib*. This is a gathering of a small number of friends and/or relatives, who form a circle around the woman while she shakes her head back and forth, letting her hair loose to the tune of an all-male band hired for the occasion. The woman's head movements become faster as the music becomes more intense, until she drops to the floor. After this point she is taken to her bed to rest."[239]

An eine entsprechende Situation aus ihrer Kindheit erinnert sich die Erzählerin in *L'Amour, la fantasia* – mit dem einzigen Unterschied, dass die Gruppe der assistierenden Musiker nicht männlich ist, sondern sich aus „musiciennes de la ville: trois ou quatre femmes d'âge vénérable" (AF, 205) zusammensetzt: In regelmäßigen Abständen – „tous les deux ou trois mois environ" (AF, 205) – kann sie beobachten, wie ihre allseits als harte, unerschütterliche Frau bekannte Großmutter, die allzu offensichtliche Gefühlsausbrüche anderer scharf verurteilt (AF, 223) und „la seule des femmes à ne jamais se plaindre" (AF, 208) ist, sich dem ekstatischen Tanzen hingibt. Zu diesem Ereignis, für das die Frauen der Familie die gesamten Vorbereitungen treffen, präsentiert sich die Großmutter erst, wenn die stark geschminkten Musikerinnen ihr Spiel aufgenommen und ihren Gesang begonnen haben: „Ma grand-mère arrivait enfin, en comédienne à l'art consommé. Droite, la tête enturbannée de foulards bariolés, le corps allégé dans une tunique étroite, elle se mettait à danser lentement" (AF, 206). Angefeuert durch die ermutigenden Zwi-

---

[238] Lazreg 1994, S.116.
[239] Lazreg 1994, S.116.

schenrufe der Musikerinnen und dem immer schneller werdenden Rhythmus ihrer Trommeln, beschleunigt sie die Geschwindigkeit ihrer Bewegungen stetig, bis sie schließlich ihren Trance-Zustand erreicht: „Enfin la crise intervenait: ma grand-mère, secouée par les tressaillements de son corps qui se balançait, entrait en transes" (AF, 207). Während der Gesang abebbt, der Rhythmus der Trommeln sich wieder verlangsamt und die Frauen der Familie herbeieilen, um den erschöpften Körper zu stützen, gibt sich die Großmutter ganz ihrer Krise hin:

> „ [...] les cris arrivaient: du fond du ventre, peut-être même des jambes, ils montaient, ils déchiraient la poitrine creuse, sortaient enfin en gerbes d'arêtes hors de la gorge de la vieille. On la portait presque, tandis que, transformant en rythmique ses plaintes quasi animales, elle ne dansait plus que de la tête, la chevelure dénouée, les foulards de couleurs violentes, éparpillés sur l'épaule. Les cris se bousculaient d'abord, se chevauchaient, à demi étouffés, puis ils s'exhalaient gonflés en volutes enchevêtrées, en courbes tressées, en aiguilles. Obéissant au martèlement du tambour de l'aveugle, la vieille ne luttait plus: toutes les voix du passé bondissaient loin d'elle, expulsées hors de la prison de ses jours" (AF, 207).

Anschließend erholt sich die Großmutter im Bett von den Strapazen ihrer Trance. Die Erzählerin, die wiederholt Zeugin dieses bizarr anmutenden Schauspiels wird, entdeckt nach und nach den Sinn der großmütterlichen Ekstasen und wird sich bewusst, dass sie der „aïeule" (AF, 208) als Mittel dienen, sich ihres nie laut geäußerten Ärgers und Kummers zu entledigen: „[...] par cette liturgie somptueuse ou dérisoire, qu'elle déclenchait régulièrement, elle semblait protester à sa manière ... Contre qui, contre les autres ou contre le sort, je me le demandais" (AF, 208).

Entgegen der (okzidentalen) Wahrnehmung, algerische Frauen seien analog zu ihrem Schweigen in der Öffentlichkeit generell zum Schweigen verurteilt, verfügen sie traditionell über eine Reihe differenzierter Kommunikationsstrategien, die an jenen Stätten Anwendung finden, die die muslimische Gesellschaftsstruktur als Orte weiblicher Kommunikation ausweist. Dics vermitteln auch die Romane des *Quatuor algérien*: Als zentrale Orte weiblicher Kommunikation präsentieren sich dort Harem und Hammam. Daneben bieten Feste Anlass zu weiblichen Zusammenkünften, bei denen die Frauen neben verbalem Austausch auch von non- und extraverbalen Kommunikationsstrategien Gebrauch machen, die insbesondere durch den Tanz zum Ausdruck kommen.

4.4 Isma als hybride Figur in Vaste est la prison

Im Gegensatz zu den traditionellen Frauen genießt Isma, die Erzählerin in *Vaste est la prison*, das Privileg einer Schulbildung (VP, 266ff.), aufgrund derer ihr sowohl ein Leben innerhalb der Mauern des Harems erspart bleibt, wie sie ihr auch erlaubt, sich nach Eintritt der Pubertät unverschleiert in der Öffentlichkeit zu präsentieren.[240] Als Konsequenz stehen ihr weitreichendere Ausdrucksmöglichkeiten zur Verfügung als ihren gemäß der lokalen Tradition erzogenen Tanten und Cousinen: „Neither veiled nor cloistered, Isma never encounters the full weight of patriarchy."[241] Über die traditionellen Orte und Möglichkeiten weiblicher Kommunikation hinaus kann sie als Intellektuelle die Grenze zum männlichen Raum nicht nur überschreiten, sondern sich auch frei darin bewegen und ihre Bedürfnisse artikulieren. Vordergründig erweckt Isma daher den Anschein, das Leben einer im westlichen Verständnis modernen Frau zu führen: Abseits der traditionellen Großfamilie lebt sie mit Mann und Kindern in Algier, wo sie ihrer Arbeit als Historikerin außer Haus nachgeht. Meist erfolgt dies in ihrem Büro, aus dem sie bisweilen erst spät am Abend zurückkehrt: „Je rentrais chez moi quelques fois à dix heures du soir" (VP, 45) oder in der „Bibliothèque nationale" (VP, 72). Gelegentlich führen Recherchen sie auch in andere Städte (VP, 46/47) oder Länder (VP, 36). Ihr auf den Rechercheexkursionen zusammengetragenes Material bildet zugleich die Grundlage für ein Filmprojekt, das sie für mehrere Monate von ihrer Familie wegführt und dessen Dreharbeiten sich in Form eines Arbeitstagebuchs in *Un silencieux désir* wiederfinden. Überdies zeigt es sie in der für eine Frau ungewöhnlichen und darum ihre Untergebenen in Erstaunen versetzenden Rolle einer Entscheidungsträgerin, obliegt ihr doch die alleinige Verantwortung für die Realisierung des Films, dessen Rahmenbedingungen sie dementsprechend auch vorgibt:

> „Je parais froide, neutre, à la limite aimable. En tout cas, les autres me considèrent comme une ‚intellectuelle.' Je sais qu'ils sont désorientés bien sûr, parce qu'une femme pour la première fois est le ‚patron'" (VP, 199).

Von ihrer Berufstätigkeit abgesehen, sind es die – in der traditionellen algerischen Gesellschaftsordnung undenkbaren – freundschaftlichen Beziehungen, zu Män-

---

[240] Die Mutter der Erzählerin aus *L'Amour, la fantasia* hatte auf die Frage der Verwandten, weshalb die sich in der Pubertät befindliche Tochter noch immer keinen Schleier trage, lediglich „Elle lit" (AF, 254) zur Antwort gegeben.

[241] Mortimer, Mildred: Reappropriating the gaze in Assia Djebar's fiction and film. In: WLT 70, 4 (1996), S.863.

nern, die Isma als moderne Frau erscheinen lassen. Eine solche Freundschaft pflegt sie nicht nur zu dem von ihr heimlich geliebten jungen Mann, dessen Haus sie etliche Besuche abstattet, um dort mit ihm zu diskutieren und Musik zu hören (VP, 28ff.). Ebenso verbringt sie einen Sommerurlaub in Gesellschaft seiner Freunde (VP, 50ff.), deren einen sie auch in Algier zum gelegentlichen Gedankenaustausch trifft (VP, 69). Schließlich offenbart sich Isma dahingehend als modern, dass sie sich aufgrund der Gewalttätigkeiten ihres Mannes von diesem trennt. Auch die der Trennung folgende Scheidung findet sich zum Erstaunen ihrer Mutter von Isma initiiert:

> „Je me tus un moment; puis je me forçai à exprimer ce que je ressentais: que mon divorce était une répudiation de ma part. Elle [die Mutter] eut un sursaut de surprise au terme arabe de ‚répudiation' que j'utilisai! – Irrévocable, ajoutai-je, puisque énoncée par trois fois! Je le sais: c'est moi qui ai fait le serment!" (VP, 305).[242]

Gleichwohl sie für diesen modernen Lebensstil optiert, zeigt sich Isma keineswegs in blinder Imitation den Werten einer Modernität im okzidentalen Sinne verhaftet. Zwar bejaht sie die Emanzipation der Frau und genießt, was ihr persönliches Leben betrifft, deren Früchte. Gleichzeitig üben indes das Leben der traditionellen Frauen, ihre Zusammenkünfte und insbesondere ihre gegenseitige, im Alltag praktizierte Solidarität eine starke Anziehung auf sie aus.[243] Konstant in Berührung mit zwei unterschiedlichen Wertesystemen, von denen sie keines vollständig verinnerlicht, jedoch auch keines gänzlich ablehnt, positioniert sich Isma daher als hybrides Wesen zwischen Orient und Okzident, Männer- und Frauenwelt in beständigem Zwiespalt, der sich in ihrer physischen Erscheinung, in besonderer Weise jedoch auch in ihrem Tanz akzentuiert.

---

[242] Die von Isma vollzogene „répudiation", die erst nach dreimaligem Aussprechen der Verstoßungsformel Endgültigkeit besitzt, stellt die in der *shari'a* festgeschriebene Möglichkeit zur Auflösung einer Ehe dar und wird von dieser nur dem Mann zugebilligt, vgl. auch Kap.4.2.

[243] Vgl. auch Brahimi 1990, S.122. Brahimi spricht in diesem Zusammenhang zwar nicht von der Erzählerin, sondern von der Autorin selbst und bezieht sich darüber hinaus auch auf *L'Amour, la fantasia*. Da die beiden Romane jedoch als Teile des *Quatuor* in inhaltlichem Zusammenhang stehen und sich zwischen Djebar und ihren Erzählerinnen stets Überschneidungen nachweisen lassen (vgl. auch Kap.5.3), besitzt Brahimis Aussage auch im Hinblick auf *Vaste est la prison* Gültigkeit.

4.4.1 Äußere Aspekte des Hybriden

Ismas androgyne Physis gibt einen Hinweis auf ihre gleichzeitige Zugehörigkeit zur Welt der Frauen und derjenigen der Männer. So zeugt die von ihr selbst getroffene Beschreibung ihres Körpers von Knabenhaftigkeit: „[...] hanches minces, cheveux à la garçonne, fesses plates, si fière ce jour-là de ma silhouette androgyne" (VP, 47). Diese erleichtert Isma nicht nur, weil sie, gewissermaßen unsichtbar, weniger Aufsehen erregt als dies bei einer allzu offenbaren Weiblichkeit der Fall wäre, ihre Präsenz in männlichen Raum, sondern verleiht ihr darüber hinaus den Anschein von Jugendlichkeit: „A trente-sept ans, j'en paraissais sans doute moins de trente" (VP, 47). Scheint neben ihrer Bildung gerade diese Absenz weiblicher Attribute eine soziale Funktion zu erfüllen und Isma die Rechtfertigung zu geben, sich des Verbleibens im Harem zu widersetzen, so empfindet sie diese auch in physischer Hinsicht nicht als Manko. Das Androgyne, das sie überdies durch ihre Frisur unterstreicht, wird dabei zum Gegenstand ihrer eigenen Koketterie:[244] Aufgrund einer Wette, die zwei junge Männer ob ihres Geschlechts miteinander eingehen, zeigt sie sich daher einesteils belustigt, gleichermaßen jedoch auch geehrt und bleibt demjenigen, der sie für einen Jungen hält und die Wette verloren hat, nicht um eine Antwort verlegen: „Je n'y pouvais rien, mais, en le dépassant, je lui fis une grimace drôle. ,Désolée!' Je me savais, à cet instant, provocante" (VP, 47/48). Reflektiert findet sich Ismas androgynes Äußeres ferner in ihrer Sterilität, die für sie kein Anlass zur Trauer ist: „[J]e serais donc merveilleusement stérile, disponible pour des enfants de cœur, doublement de cœur, et jamais de sang!" (VP, 313), betont ihre „Inkompetenz" doch ihren Unterschied zu den traditionellen Frauen und markiert ihren Anspruch auf Bewegungsfreiheit außerhalb des Harems.

Ismas Androgynität illustriert ihr hybrides Dasein zwischen Männer- und Frauenwelt, ihr Tanz hingegen platziert sie erneut in einer hybriden Position, dem Oszillieren zwischen den Kulturen von Orient und Okzident. Wie alle anderen Frauen hat Isma zwar den Tanz als Mittel der Artikulation beibehalten und wird wie jedes andere algerische Mädchen an das traditionelle Tanzen herangeführt, dessen Ablauf, gleichsam ritualisiert, von vornherein feststeht:

---

[244] Für Rocca verleiht Ismas Androgynität ihr das Bewusstsein eigener Attraktivität und überdies die Kraft, die gesellschaftlichen Konventionen von Überlegenheit und Subordination zu ihren Gunsten umzukehren: „La ,grimace drôle' d'Isma, en particulier, lui permet de renverser le rapport de subordination qui existe, dans l'espace public, entre le regard de l'homme et le regard de la femme. Grâce à son apparence androgyne, Isma peut se moquer du regard ,scrutateur' de l'homme. [...] La ,grimace drôle' d'Isma met à bas ce pouvoir et fait de celui qui regarde quelqu'un dont on se moque", vgl. Rocca 2004, S.182/183.

„Vingt ans auparavant, disons âgée de seize à trente-six ans, j'avais certes tenu mon rôle dans le cercle des femmes, invitées, voisines et cousines, jeunes filles ou dames mûres. Se déroulait le protocole: danser tour à tour chacune, lentement, à la manière concertée de la cité d'origine [...] danser spasmodiquement, avec j'allais dire lubricité quand, par exception ou par défi ou par goût ostentatoire, les rythmes devenaient de village, ou des hauts plateaux, ou d'Afrique profonde [...] " (VP, 61/62).

Dennoch wird beizeiten offensichtlich, dass ihr Tanzstil sich von dem der anderen Frauen unterscheidet. Während diese in stereotypen Bewegungsmustern verharren, sucht jene schon früh, den traditionellen Rahmen zu sprengen, um ihren Körper ebenso spontanen wie individuellen Eingebungen folgen zu lassen:

„J'avais donc participé à chacune de ces cérémonies lentes et compassées, même si je n'avais pu m'empêcher, lorsque c'était mon tour, d'en faire une danse nerveuse, *hybride*, bondissant ou circulant, mes pieds seuls dessinant une chorégraphie de hasard, qui secouait mes mollets, entrelaçait mes bras nus, je transformais ainsi cette contrainte en une danse solitaire, fugitive, ,moderne', disaient les dames déçues par ma fantaisie qui semblait trahir..." (VP, 62; Hervorhebung DH).

Obgleich sich Ismas Tanzstil von Jugend an unkonventionell präsentiert, bleiben doch in den Tänzen ihres Erwachsenenlebens einige traditionelle Elemente erhalten. Zu diesen gehört die prinzipielle Scheu, den eigenen Körper vor männlichem Publikum zur Schau zu stellen. Sie tritt etwa dann zutage, wenn die Erzählerin sich plötzlich nervös und beschämt ist, als eine ihrer Cousinen bei einem Fest Ismas Ehemann, „cet homme avec lequel je partageais quasiment tout depuis une décennie" (VP, 63), auffordert, versteckt an einem Fenster, jedoch in Ismas Mitwisserschaft, den besonderen Tanzstil seiner Frau zu bewundern, denn „il surprenait ma danse avec les femmes" (VP, 63). Ein weiteres traditionelles Moment, ebenfalls im Zusammenhang mit dem männlichen Intervenieren im weiblichen Tanz, äußert sich in Ismas Beharren auf der Autonomie ihrer Bewegungen (VP, 63). Ganz in traditioneller Manier besteht sie darauf, nur für sich zu tanzen und verweigert sich dem okzidentalen Paartanz, bei dem der Mann die Führung der beiden Körper übernimmt. Zwar gibt sich Isma selbst den Anschein, es sei ihr entgegen ihrem Widerwillen gelungen, sich auf den westlichen Paartanz einzulassen: „[...] j'avais fini, aussi traditionnelle que je fusse, par paraître me plier aux danses occidentales – deux ou trois fois, enlacée par l'époux, devant tous – une valse ou une slow peut-être [...]" (VP, 63). Einem Kavalier, der sie bei einer Feier zum Tanz auffordert, versagt sie seine Bitte aber dennoch mit den Worten „Je danse toujours seule" (VP, 60). Im partiell vollzogenen Bruch mit den Tanzbewegungen der „séquestrées", die diesen ebenso dem Vergnügen wie auch der kurzzeitigen Flucht aus dem Alltag dienen, manifestiert sich Ismas Revolte gegen den Harem und die resignierte Haltung der Frauen.[245] Diese Revolte bleibt freilich nicht auf halbem Wege in ihrer Jugend stehen, sondern erfährt an jenem Abend ihre Fortsetzung, an dem Isma – in Anwesenheit ihres Ehemannes – vor den Augen des „Aimé" und unmissverständlich auch für diesen ihren Tanz improvisiert (VP, 61ff.). Das Neue an Ismas Tanz zeigt sich dabei nicht nur darin, dass sie ihre Zurückhaltung beim Präsentieren des eigenen Körpers außerhalb des Harems ablegt, sondern fernerhin auch in der Modifikation ihrer Bewegungsabläufe, deren gemäß der Tradition überbordende Ausschmückungen Isma reduziert, um zu ihrem individuellen Ausdruck zu gelangen:

> „Or, ce soir, je ne pouvais m'arrêter, je bondissais, je préférais soudain évoluer avec lenteur, mes pieds sans frein, marquant le rythme quasi sèchement, mes hanches ou mon torse appliqués à soustraire, de celui-ci, l'excès, à atténuer les entrelacs, à transmuer le caractère oriental en des figures sobres, fidèles certes, mais ni lyriques ni surabondantes. Seuls mes bras devenaient lianes, dessinaient l'arabesque, seuls mes bras nus, ce soir, évoluaient, dans la pénombre, tantôt en serpents, tantôt en calligraphie…" (VP, 63).

Ebenso wie ihre Androgynität wird somit auch Ismas Tanz zum Spiegel ihrer hybriden Existenz: In ihm reflektiert sich nicht nur ihre Bereitschaft zur Revolte, mit der sie gleichermaßen gegen die okzidentale wie auch gegen ihrer Herkunftskultur zu Felde zieht, sondern, indem sie zur einen, bald zur anderen Seite tendiert, auch ihr Wille, sich Elemente beider Kulturen zu eigen zu machen.

4.4.2 Die Tradition der „fugitives"

Ismas fortwährendes Schwanken zwischen den Polen männlich und weiblich, Orient und Okzident, beschert ihr indessen nicht nur Privilegien, sondern erlegt ihr auch Beschränkungen auf. Gewährleistet ihre Bildung den Zugang zur Welt der Männer, so verschließt sie zugleich wenigstens teilweise die Tür zum Harem.[246] Dabei verliert Isma weniger die Zuneigung der Frauen als ihr kritischer Blick, der sie, weil die ihr zugestandene Bewegungsfreiheit ihr Verhalten modifiziert hat, als

---

[245] „L'essentiel était, me semble-t-il sans analyser, ce défi de mon corps englouti qui prétendait improviser les mouvements, l'essentiel était de m'écarter le plus possible de la frénésie collective de ses femmes, mes parentes – je sentais que la joie quasi funèbre de leurs corps, frôlant un désespoir entravée, ne me convenait pas" (VP, 62); zu Ismas Revolte vgl. auch Rocca 2004, S.195.

[246] Vgl. Clerc 1997, S.48: „ […] ce que la narratrice gagne en liberté du fait de sa culture française, elle le perd en affectivité, en relations humaines. " Auch Rocca sieht in Isma aufgrund ihrer kulturellen Hybridität gleichermaßen eine Privilegierte wie das Opfer ihrer Errungenschaften, vgl. Rocca 2004, S.143.

Fremde identifiziert, schwer auf ihr lastet. Deutlich wird dies einerseits an ihrem Tanz, dem das kompensatorische Element abhanden kommt, wie zwei der „séquestrées" feststellen:[247]

> „Celle-ci, les traits durcis de timidité et d'ardeur, danse; mais trop vivement, trop nerveusement, comment dire allégrement! Elle n'a pas encore compris: elle ne comprendra jamais car elle ne sera jamais de nos maisons, de nos prisons, elle sera épargnée de la claustration et, par là, de notre chaleur, de notre compagnie! [...] Elle danse, elle, pour nous, c'est vrai; devant nous, en effet, mais quoi, elle dit sa joie de vivre; comme c'est étrange, d'où vient-elle, d'où sort-elle, vraiment, elle, l'étrangère!" (VP, 278/279).

Andererseits wird Ismas Außenseiterposition dadurch offenbar, dass ihr infolge ihrer Absenz aus dem Harem Teile seiner geheimen Sprache verborgen bleiben und sich ihr die Inhalte weiblicher Konversation nicht vollständig erschließen. Dies illustriert der Besuch des Hammam (VP, 13-15), bei dem sich die Bedeutung des Wortes „ennemi" im Kontext des schwiegermütterlichen Gesprächs, obgleich in Arabisch, Ismas Verständnis entzieht.

Um den schmerzlich erfahrenen Verlust des Ausschlusses aus dem Harem – als Preis, den sie für ihr freies Agieren im männlichen Raum bezahlen muss – zu kompensieren, sucht Isma sich dennoch in eine weibliche Tradition zu integrieren. Da eine solche in ihrem Fall notwendigerweise außerhalb des Harems bestehen muss, sucht sie unter den traditionellen Frauen nach solchen, die vor ihr, jedoch in ähnlicher Weise wie sie selbst das Wagnis einer Transgression unternommen haben. Fündig wird Isma dabei in der Genealogie der „fugitives", deren Geschichten sich im Übergang von *L'effacement sur la pierre* zu *Un silencieux désir* ankündigen.

Diese Genealogie, in der Blutsbande nur eine zweitrangige Rolle spielen,[248] konstituiert sich im Wesentlichen auf den beiden Merkmalen von einerseits Frauen, die sich eigenständig auf Reisen begeben, und andererseits Frauen, die schreiben.[249] Als ihre Urahnin kann im vierten Jahrhundert n. Chr. die Berberprinzessin und „fugitive Tin Hinan" (VP, 161) ausgemacht werden, unter deren Obhut das verloren geglaubte Berberalphabet zum „legs de femme" (VP, 164) wird und des-

---

[247] Vgl. auch Gracki 1996, S.835.

[248] Vgl. auch Gracki 1996, S.840 und Hiddleston 2004, S.96: „If Djebar uses the term ‚genealogy', in this case it does not connote a rooted structure or an organic homogeneous community. [...] Djebar's collectivity transcends blood ties and ethnicity, exploring partial links that traverse diverse spaces and epochs." Eine Kontinuität zwischen Tin Hinan und Zoraida konstatiert auch Anne-Marie Nahlovsky, vgl. Nahlovsky, Anne-Marie: La femme au livre. Les écrivaines algériennes de langue française. Paris: l'Harmattan 2010, S.91ff.

[249] Vgl. Hiddleston 2004, S.94: „ [...] what is shared by the women of Djebar's work is not their position but their experiences of evasion and flight, their resistance to containment. "

sen Überlieferung von Generation zu Generation fortan den „[...] reines, [...] épouses, [...] amantes des Hommes voilées" (VP, 146) obliegt. Ihre Fortsetzung erfährt die Genealogie im 16. Jahrhundert mit der (auch innerhalb der Romanhandlung) fiktiven Figur der Zoraida. Weil diese des Schreibens mächtig ist, kann sie, indem sie diesem heimliche Botschaften zukommen lässt, gemeinsam mit einem Sklaven aus dem Haus ihres Vaters, für sie eine „prison fermée et dorée" (VP, 167), entkommen: „Libérant l'esclave-héros des bagnes d'Alger, elle se libère elle-même du père qui lui a tout donné, sauf la liberté" (VP, 168), um jenseits des Mittelmeers zwar arm aber doch in Freiheit ein neues Leben zu beginnen. Obgleich anfänglich an scheinbar willkürlich gewählten Frauengestalten festgemacht, lässt sich die Genealogie der „fugitives" anschließend an Ismas Familie weiterverfolgen: Sowohl ihre Großmutter Fatima als auch ihre Mutter Bahia zeigen sich willens, geografische wie soziale Transgressionen vorzunehmen.[250] Die Tradition der „fugitives" geht schließlich über auf die nächste Frauengeneration der Familie, denn als eine „[f]ugitive et ne le sachant pas" (VP, 172) nimmt sich aufgrund ihrer Bewegungsfreiheit im männlichen Raum auch Isma wahr. Ismas Grenzüberschreitung manifestiert sich andererseits vor allem in ihrem Schreiben, das sie gleichsam gesteigert gar zur „[...] enracinée dans la fuite –, justement parce que j'écris et pour que j'écrive" (VP, 172) werden lässt. Infolge ihres Schreibens vermag Isma nicht nur an die Figur der Zoraida anzuknüpfen, mit der das weibliche Schreiben in Algerien beginnt, sondern sieht in ihr auch die Situation der gegenwärtig in Algerien schreibenden Frauen reflektiert, weil auch Zoraida, obgleich sie so viel Mut bewiesen hat, in ihrer Freiheit zum Schweigen verurteilt ist:

> „L'histoire de Zoraidé, rapportée devant celle-ci muette par l'ex-captif aux hôtes d'une auberge de campagne où Don Quichotte et Sancho Pancha sont de passage, est bien la métaphore des Algériennes qui écrivent aujourd'hui, parmi lesquelles je me compte (VP, 169).[251]

Wie ihrer Mutter und Großmutter ist auch Isma daran gelegen, ihr Erbe der „fugitives" an die nächste Generation weiterzureichen. So rät sie ihrer Tochter davon ab, einen Lehrerposten in der Heimatstadt ihres Vaters in Algerien anzunehmen, ermutigt sie stattdessen, in Richtung Frankreich aufzubrechen und macht auf diese Weise aus der jungen Frau eine „fugitive nouvelle" (VP, 320).

---

[250] Zu einer präziseren Analyse der Biografien Fatimas und Bahias siehe Kap.5.2.2.
[251] Vgl. dazu auch Djebar, Assia: L'écrit des femmes en littérature maghrébine. In: Djebar, Assia: Ces voix qui m'assiègent... en marge de ma francophonie. Paris: Albin Michel 1999, S.91.

Ihre Einordnung in die Tradition der „fugitives" lässt Isma nicht nur aus ihrer Isolation heraustreten und betont ihre Zugehörigkeit zur Gemeinschaft der algerischen Frauen, sondern zeigt ebenso, dass eine Differenz zwischen der Erzählerin und den anderen Frauen nicht in dem Maße besteht, wie dies auf den ersten Blick erscheint, da zu allen Zeiten Frauen existierten, die bereit waren, mit Tabus zu brechen, wo sich dies als notwendig erwies.

5 Isma als Historikerin: Geschichte und Frauengeschichte(n) in *Vaste est la prison*

Wie gezeigt wurde, zeichnet sich Assia Djebar einerseits – im Sinne einer modernen Definition des Begriffes, der auf die Hybridität ihrer Werke verweist – als postkoloniale und, wird ihrem persönlichen Verständnis von Feminismus Rechnung getragen, andererseits als feministische Autorin aus. In ihrem Ansatz von Historiografie, wie er auch *Vaste est la prison* zugrunde liegt, treten diese beiden Momente ihres Werkes[252] in ein Zusammenspiel, das sich bereits in *L'Amour, la fantasia* angekündigt und anschließend in *Loin de Médine* seine Fortsetzung gefunden hatte: Subversion erfolgt dergestalt, dass algerische Frauen, die in doppelter Weise benachteiligt – da „[...] sowohl von der Tradition der algerisch-islamischen als auch von der kolonialen französischen Geschichtskonstruktion ausgeklammert"[253] – sind, im Zentrum ihrer Geschichtsschreibung stehen. In *L'Amour, la fantasia* und *Loin de Médine* illustriert sich dies in einer Umdeutung der offiziellen historischen Darstellung des algerischen Unabhängigkeitskrieges im einen, und in derjenigen der Entstehungszeit des Islam zugunsten weiblichen Beitragens zu diesen Ereignissen im anderen Falle.[254] *Vaste est la prison*, in dem Djebar im Rahmen ihres *Quatuor algérien* den mit *L'Amour, la fantasia* begonnenen „lien inhérent entre écriture et Histoire"[255] erneut aufgreift,[256] entfernt sich dagegen von der Bühne einschneidender historisch-politischer Geschehnisse und richtet seine Aufmerksamkeit auf die persönlichen Geschichten einzelner Frauen. Diese finden, übermit-

---

[252] Vgl. dazu auch Van der Poel, Ieme: Djebar, l'Algérie et le corps politique. In: de Ruyter-Tognotti, D. und M. van Strien-Chardonneau (Hg.): Le roman francophone actuel en Algérie et aux Antilles. Amsterdam, Atlanta: Rodopi 1998, S.40.

[253] Schuchardt 2006, S.175; vgl. auch Donadey 1998, S.105 u. 114.

[254] Zu einer näheren Auseinandersetzung mit *Loin de Médine* und dem Beitrag der frühen weiblichen Gläubigen zur Konstitution des Islam siehe auch Shepherd, Danielle: Loin de Médine d'Assia Djebar: quand les porteuses d'eau se font porteuses de feu. In: Niang, Sada (Hrsg.): Littérature et cinéma en Afrique francophone. Ousmane Sembène et Assia Djebar. Paris: l'Harmattan 1996, S.178-188; zur Betonung weiblichen Beitragens am Unabhängigkeitskrieg in *L'Amour, la fantasia* vgl. Kap.3.2.

[255] Gafaïti 2005, S.163; vgl. auch Gafaïti, Hafid: The blood of writing: Assia Djebar's unveiling of women and history. In: WLT 70,4 (1996), S.815.

[256] In *Ombre Sultane* ist Geschichte ausschließlich in Form von Episoden aus dem Leben traditioneller Frauen präsent, mittels derer die Erzählerin ihre Jugenderinnerungen rekapituliert.

telt durch die Erzählerin Isma[257], Eingang in den dritten Teil des Romans. Neben einer Reihe bruchstückhafter Episoden aus dem Leben einer „mosaïque d'anonymes existences – courageuses sans le savoir",[258] die *Un silencieux désir* durchziehen oder wie im Falle der ermordeten Journalistin Yasmina (VP, 343/344) im Epilog des Romans auftauchen, präsentieren sich diese Geschichten einesteils in Form von Ismas weiblicher Genealogie, die sie aufzuarbeiten sucht,[259] und ihrer eigenen Biografie. Andererseits treten sie auch in Aspekten des Lebens größtenteils anonymer Frauen zutage, die sich in ihrem Drehtagebuch wiederfinden.

Über die individuellen Geschichten hinaus findet Geschichte außerdem auf einer allgemeineren Ebene Eingang in *Vaste est la prison*: Ähnlich wie zuvor in *L'Amour, la fantasia* unternimmt es Djebar im dritten Teil ihres *Quatuor* auch, in einem weiteren Kontext bedeutsame historische Ereignisse anhand der Subversion von Quellen aufzuarbeiten. Während jedoch die Subversion in *L'Amour, la fantasia* darauf abzielte, das Objektivitätspostulat kolonialer Historiografie zu demontieren, beschränkt sich Djebars Aufmerksamkeit in *Vaste est la prison* nicht allein auf den kolonialen Aspekt. Mit *L'effacement sur la pierre*, das sich um die Zeit der Zerstörung Karthagos im zweiten Jahrhundert v.Chr. ansiedelt und in dessen Zentrum das kurze Zeit nach dem Fall der Stadt errichtete Mausoleum von Dougga steht, greift die Autorin auf eine viel frühere historische Epoche zurück als in *L'Amour, la fantasia*. Djebars historiografische Arbeit beinhaltet somit nicht nur eine Kritik an der Kolonialmacht, sondern prangert auch den im nachkolonialen Algerien herrschenden Nationalismus an.[260]

---

[257] Djebars Ansinnen, das sie in *Vaste est la prison* mit dem Festschreiben weiblicher Biografien aus der Genealogie der Erzählerin verfolgt, richtet sich darauf, diese durch schriftliche Fixierung dem Vergessen zu entreißen, vgl. Djebar, Assia: Anamnèse…In: Djebar, Assia: Ces voix qui m'assiègent…en marge de ma francophonie. Paris: Albin Michel 1999a, S.147: „Revenir de ma traversée en mémoire féminine sur près d'un siècle [...] et en rapporter, à mon tour, des outres d'eau bénite pour retrouver force, les ramener en guise de viatique pour la route à venir: flux et reflux des biographies qui risqueraient d'être figées, obscurcies, transformées soudain ou en ou en plomb, mais pas hélas en liquide matriciel, en semence, en eau-de-vie dont le ferment seul compterait;" siehe dazu auch den bereits in Kap.4.3 erwähnten Ansatz Assmanns, Assmann 1999, S.21ff.

[258] Calle-Gruber 2001, S.92; zum Beispiel „Celle qui s'en va" (VP, 309) oder „L'éplorée" (VP, 336).

[259] „Je restitue à présent ce mémoire lorsque, durant huit jours, [...] je m'abîmai dans les méandres de ma généalogie, celle de ma mère, celle de l'aïeule que j'avais connue si terrible" (VP, 214)

[260] Dieser ist vom Staat verordnet und dient maßgeblich dessen Legitimation, was sich im Hinblick auf die algerische Kulturpolitik in einem geradezu hartnäckigen Zurückweisen nicht nur des Französischen, sondern ebenso der algerischen „langue maternelle", der arabischen und berberischen Dialekte, zugunsten einer einseitigen Arabisierung des gesamten öffentlichen Sektors niederschlägt, vgl. etwa Grandguillaume, Gilbert: Arabisation et politique linguistique au Maghreb. Paris: Maisonneuve & Larose 1983, S.155: „ [...] l'arabisation n'était pas motivée par des considérations d'efficacité ni de rentabilité, mais par autre chose: [...] *Le bénéfice de l'arabisation et sa justification, c'est la reconnaissance apportée au pouvoir national en tant que tel, devenant une Loi, incar-*

5.1 Die Stele von Dougga – Fragment der „mémoire algérienne multiple"[261]

5.1.1 Subversion des nachkolonialen historischen Diskurses

L'effacement sur la pierre nimmt innerhalb der Gesamtkonzeption von *Vaste est la prison* insofern eine Sonderstellung ein, als es sich zum einen hinsichtlich der Romanstruktur in dessen Zentrum platziert und zum anderen thematisch von den übrigen Romanteilen abgrenzt:

> „Les cinquante pages, environ, de cette narration ont un statut très particulier dans le volume. Elles organisent, en sept tableaux et un final lyrique (invocation en italique), un récit qui rompt avec le continuum de la première Partie, laquelle a trait à l'Algérie moderne postcoloniale. Isolé, circonscrit, sans lien direct avec la diégèse, ni la précédente, ni la suivante, c'est là comme un point *absolu* – coupé d'attaches."[262]

Diese Einschätzung Calle-Grubers mag überspitzt erscheinen, denn wenngleich sich entgegen ihrer Parallelität versprechenden Titel *L'effacement dans le cœur* und *L'effacement sur la pierre* zwischen dem ersten und dem zweiten Teil des Romans auf der Ebene der Handlung ein abrupter Bruch vollzieht, wird durch die Prinzessin Tin Hinan, die den Auftakt der Genealogie der „fugitives" bildet, eine inhaltliche Verknüpfung zu *Un silencieux désir* hergestellt. Ihr bleibt jedoch in dem Sinne beizupflichten, als sie auf den bedeutenden historischen Sprung verweist, mit dem sich der Übergang vom ersten zum zweiten Teil von *Vaste est la prison* vollzieht. So nimmt *L'effacement sur la pierre*, in dessen Titel sich bereits der Verlust der Lesbarkeit einer doch weiterhin existierenden Sprache ankündigt, seinen Auftakt im Tunis des 17. Jahrhunderts. Dort kommt der ehemalige Sklave und zum Islam konvertierte Gelehrte Thomas d'Arcos, „désormais Osmann" (VP, 127), im Zuge einer „expédition d'archéologue" (VP, 125) nach Dougga mit dem dortigen Mausoleum und der Stele in Berührung, deren geheimnisvolle Inschriften sich seiner

---

née dans une langue et une culture algériennes", (Hervorhebung im Text); Moatassime, Ahmed: Arabisation et langue française au Maghreb. Paris: PUF 1992 sowie Kopf, Martina: Trauma und Literatur. Das Nicht-Erzählbare erzählen – Assia Djebar und Yvonne Vera. Frankfurt a.M.: Brandes & Apsel 2005, S.72.

[261] Scharfman 2001, S.128.

[262] Calle-Gruber 1998, S.142; Hervorhebung im Text. In einer Diskussion im Rahmen des Postcolonialisme & autobiographie-Kongresses bezeichnet Calle-Gruber *L'effacement sur la pierre* als „le nœud de l'œuvre", weil er die „histoire de l'écriture" nachzeichne, vgl. dazu: Djebar, Assia: Discussions. In: Hornung, Alfred und Ernstpeter Ruhe (Hg.): Postcolonialisme & autobiographie. Albert Memmi, Assia Djebar, Daniel Maximin. Amsterdam, Atlanta: Rodopi 1998, S.185/186.

Kenntnis entziehen. Von der ersten nimmt er trotz seiner Unkenntnis an, sie sei punisch. Von der anderen, für ihn das größere Rätsel und infolgedessen besonderes Objekt seines Interesses, schickt er Kopien an zwei Freunde in Europa und überlässt eine weitere einem Maroniten, „savant en langues orientales" (VP, 127). Letzterer weiß immerhin zu versichern, es handele sich bei der Inschrift um „ni du syriaque ni du chaldéen" (VP, 127), glaubt „une sorte de resemblance avec un antique égyptien" (VP, 127) darin zu erkennen und verspricht, er werde sich, sobald er in Rom sei, eingehender mit dem unbekannten Alphabet auseinandersetzen. Weil dies augenscheinlich nicht erfolgt, verläuft die von Thomas' Forschungseifer angestoßene Unternehmung, das Geheimnis um die Inschrift zu lüften, im Sande. Doch bleibt sein Scheitern nicht das einzige: Camille Borgia, der nächste archäologisch interessierte Reisende, der etwa 200 Jahre später „les ruines de Carthage" (VP, 129) zu erkunden sucht und dabei auch auf das Mausoleum von Dougga stößt, nimmt von der Inschrift nur beiläufig Notiz und charakterisiert sie ohne langes Zögern als „*punico e punico-ispanico*" (VP,131; Hervorhebung im Text). Ebenso wenig vermag der Brite Lord Temple die Herkunft des geheimnisvollen Alphabets zu enträtseln. Er erreicht Dougga kurz nach Beginn der französischen Kolonisierung im Jahr 1832 und fertigt seinerseits eine Kopie der beiden Inschriften an, deren eine er rasch als punisch ausmacht (VP, 135) und die sich später auch in seinem Reisebericht *Excursions en Méditerranée* abgedruckt wiederfindet. So gelangt sie erstmals in die Hände von Spezialisten – unter diesen die Orientalisten de Saulcy und Judas, die Mitte des 19. Jahrhunderts maßgeblich zur Entzifferung der zweiten Inschrift beitragen: Judas gelingt es in einem Zeitraum von mehr als fünfzehn Jahren, in denen er sich mit den mysteriösen Schriftzeichen auseinandersetzt, „à établir la liste exacte de vingt-trois lettres de cet alphabet" (VP, 144). De Saulcy dagegen stößt auf die Berichte anderer Nordafrikareisender, von denen einer, „du nom de Pacho" (VP, 146), „étranges signes sur des édifices et des rochers, mais inscrits également par les nomades sur les flancs de leurs chameaux" (VP, 146) entdeckt hat, während der andere, Walter Oudney, seinerseits von „dix-neuf caractères qu'il avait vus tracés sur un monument romain à Germa, puis sur des roches dans les déserts entre Tripoli et Fezzan, lieux fréquentés par les Touaregs" (VP, 147) berichtet. Beide gehen davon aus, dass die unbekannten Schriftzeichen einer noch existierenden Sprache angehören. Da de Saulcy darüber hinaus in den Besitz eines zwar in Arabisch verfassten, jedoch mit Randbemerkungen in einer „écriture secrète" (VP, 147) versehenen Briefes des *Bey* Ahmed von Constantine gelangt, dessen Schriftzeichen ihm den von Oudney und Pacho überlieferten ähnlich erscheinen, beginnt er zu ahnen, dass es sich bei den unbekannten Lettern um die des *Tifinagh* handeln muss:

> „Soudain, le Français comprend: et si le bey Ahmed, parlant évidemment le berbère chaoui, ayant appris à Constantine, grâce à des nomades sahariens de passage, cette écriture du secret, l'utilisait comme code: considérant que cet alphabet, devenu si rare, peut seul parer au danger de l'interception? " (VP, 148).

De Saulcys Hypothese, das Berberische sei nicht wie bis zu diesem Zeitpunkt angenommen eine ausschließlich orale Sprache, sondern habe schon früh eine schriftliche Fixierung erfahren, weiterverfolgend, vergleicht sein Kollege Judas die Schriftzeichen der Stele von Dougga mit denjenigen aller anderen Quellen und stellt fest, dass sie stets dieselben sind: „mêmes signes sur la pierre, sur les roches du Fezzan et inscrits sur les flancs de leurs chameaux par les guerriers touaregs" (VP, 149).

Das Rätsel findet so seine Lösung im fünften Kapitel von *L'effacement sur la pierre*, das den Titel *Le secret* trägt, wohingegen sich Herkunft und Zweck der Stele erst im sechsten Kapitel aufklären. Dieses markiert abermals einen großen Sprung in die Vergangenheit: Im Jahr 138 v.Chr. weiht der Stamm der Numider zum zehnten Todestag seines Königs Masinissa in Dougga „un somptueux cénotaphe" (VP, 151) ein. Der großangelegten Konstruktion gehören neben einigen „statues des déesses ailées" (VP, 153) auch „des stèles en double alphabet" (VP, 153) an – unter ihnen eben jene, die das linguistische Rätsel aufgeworfen hatte. Mit dem originären Zweck des Mausoleums klärt sich ebenfalls die Frage nach der Zweisprachigkeit der in Stein gemeißelten Inschriften. Die Numider hatten sich in der Interaktion mit den Bewohnern des unweit von ihrem Königreich gelegenen Karthago des Punischen – Karthago hatte sich in seiner Blütezeit zur bedeutendsten Handelsstadt Nordafrikas erhoben – bedient und, wenngleich die Stadt bereits einige Jahre zuvor unter ihrer maßgeblichen Beteiligung dem Erdboden gleichgemacht worden war und seine Bewohner getötet oder als Sklaven nach Rom verschleppt wurden, dieses nichtsdestotrotz weiterhin als ihre Zweitsprache beibehalten:

> „Chacun des assistants n'oublie pas que Masinissa autrefois a décrété le punique langue officielle dans son royaume, mais quel réconfort de se retrouver enfin entre soi, parlant la langue ancestrale que l'on creuse cette fois à l'égalité, sur la pierre!" (VP, 153).

Die Selbstverständlichkeit, mit der sich die Numider mehrerer Idiome bedienen, tritt nicht nur in Form der bilingualen Inschrift zutage, die der junge Jugurtha vorträgt, sondern gleichermaßen in den seinem Vortrag vorangestellten Reden, die zur Eröffnung der Feierlichkeiten von drei Personen in drei unterschiedlichen Sprachen gehalten werden:

Deux ou trois de la municipalité de Dougga entament des discours: le premier, avec une aisance ostentatoire, en punique [...]; le deuxième, d'allure plus râblée, intervient en berbère, avec comme un confort retrouvé de laisser-aller, de la chaleur d'être ‚entre soi'. Et c'est le troisième, le plus jeune mais à l'habit le plus voyant, qui termine par une hâtive conclusion... en latin, ‚la langue de l'avenir', a-t-il dû se dire" (VP, 153/154).

Auch über diese Episode hinaus finden sich die Berber in *L'effacement sur la pierre* beschrieben als ein Volk, das in seinem Interagieren mit den zahlreichen Invasoren und den unterschiedlichsten kulturellen Einflüssen, die im Lauf der Jahrtausende auf nordafrikanischem Boden aufeinandertrafen, große Bereitschaft zeigte, deren jeweilige Sprachen zu übernehmen: „hommes qui parlèrent tour à tour punique avec Carthage, latin avec les Romains et les romanisés jusqu'à Augustin, et grec puis arabe treize siècles durant" (VP, 145), den Verlust seiner eigenen Sprache indes niemals zu beklagen hatte, blieb sie doch im „usage endogamique" (VP, 145) stets aufrechterhalten.

Mit der Geschichte um die Stele von Dougga greift Djebar im Unterschied zu ihrem Projekt des Neuschreibens kolonialer Geschichte in *L'Amour, la fantasia* über einen ausschließlich algerischen Kontext hinaus. Dougga situiert sich nicht nur außerhalb der Landesgrenzen Algeriens im heutigen Tunesien, sondern das Mausoleum steht in *Vaste est la prison* auch repräsentativ für die mehrere Jahrtausende alte Kultur der Berber, die Djebar in ihrem Roman als gemeinsames Sediment der maghrebinischen Kulturen ausmacht. Durch den enormen Sprung in die Vergangenheit unterzieht sie den in der offiziellen algerischen Historiografie manifesten „patriarchalisch-nationalistischen Diskurs [...] des FLN"[263] einer Subversion. Diese nimmt weniger explizite Züge an als die Subversion der kolonialen Historiografie in *L'Amour, la fantasia*[264] und erfolgt in *Vaste est la prison* nicht durch eine

---

[263] Schuchardt 2006, S.176. Djebars Subversion äußert sich Schuchardt zufolge vor allem dadurch, dass sie sich gegen die Arabisierungspolitik auf Kosten der multiplen kulturellen Einflüsse, die die algerische Kultur auszeichnen, wendet, indem sie auf der Vielsprachigkeit einerseits und auf der Spezifität weiblicher Idiome andererseits insistiert. Gafaïti spricht im Zusammenhang mit dem historischen Diskurs des FLN von einer „falsification de l'Histoire", vgl. Gafaïti, Hafid: L'autobiographie plurielle. Assia Djebar, les femmes et l'histoire. In: Hornung Alfred und Ernstpeter Ruhe (Hg.): Postcolonialisme & autobiographie. Albert Memmi, Assia Djebar, Daniel Maximin. Amsterdam, Atlanta: Rodopi 1998, S.153.

[264] Wiewohl Djebar im Roman Kritik am FLN nicht explizit formuliert, zeigt sie sich anderweitig offensichtlicher, vgl. dazu Djebar, Assia: L'entre-deux-langues et l'alphabet perdu. In: Djebar, Assia: Ces voix qui m'assiègent... en marge de ma francophonie. Paris: Albin Michel 1999j, S.32/33: „[...] par phobie de la deuxième langue, de la troisième, par déni d'un *multilinguisme inscrit dans notre culture depuis l'Antiquité* (culture populaire et culture savante), par crainte donc du multiple à l'infini des formes, *mon pays, sous véritable dictature culturelle, a été harcelé par un monolinguisme pseudo-identitaire*: une seule langue revendiquée comme une armure, une carapace, un

konkreten Aufarbeitung offizieller historischer Dokumente.[265] Vielmehr verweist Djebar mit der Wahl eines historischen Datums, das lange vor der Begründung des Islam und noch länger vor dem Einzug des Arabischen im Maghreb liegt, auf die fortdauernde Tradition und das beträchtliche Alter der maghrebinischen Kulturen, dem im offiziellen historischen Diskurs zu wenig Rechnung getragen wird.[266] Überdies betont sie das – von den Phöniziern, über die Römer bis hin zu den Arabern reichende – vielschichtige kulturelle Erbe sowie den Multilinguismus, auf denen sich die algerische Kultur von alters her konstituiert, obgleich die offizielle algerische Kulturpolitik dies gegenwärtig negiert.[267]

5.1.2 Subversion des imperialistischen Diskurses

Für ihre persönliche Version der Entstehung des Mausoleums von Dougga scheint sich Djebar – da diesbezüglich in ihrem Text keinerlei historische Quellen Erwähnung finden – größtenteils der Fiktion[268] zu bedienen. Im Gegensatz dazu rekonstruiert sie sowohl die Zerstörung Karthagos durch die Römer, als auch das Wiederauffinden des nunmehr in Ruinen liegenden Mausoleums und des *Tifinagh*-Alphabets anhand des erneuten Lesens archivierter historischer Quellen. Diese setzt Djebar nach einer von ihr getroffenen Quellenauswahl neu zusammen und

---

mur!"; Hervorhebung DH. Zur Subversion kolonialer Historiografie in *L'Amour, la fantasia* vgl. auch Kap.3.2.

[265] Subversion erfolgt in *Vaste est la prison* im Zusammenhang mit dem FLN damit nicht im Sinne Donadeys und wie der Begriff für das Verständnis der Historiografie in *L'Amour, la fantasia* übernommen wurde (vgl. Kap.3 und Donadey 2001, S.143), sondern indem von der offiziellen Historiografie verschwiegene Aspekte der Geschichte Algeriens in den Roman einfließen. Die algerische Historiografie wählt als Ausgangspunkt i.d.R. den Unabhängigkeitskrieg, vgl. dazu Donadey 1996, S.891.

[266] Vgl. vorhergehende Fußnote; Gafaïti sieht in Djebars Aufarbeitung der historischen Episode um die Konstruktion des Mausoleums von Dougga und ihrem Hinweis auf das hohe Alter des *Tifinagh* darüber hinaus eine Subversion kolonialer Historiografie, siehe Gafaïti 1996, S.816: „[...] this scrupulous investigation is humanly enriching, since it allows the historian-novelist to demonstrate that her people and their culture were just as ancient, valuable, and civilized as the most sophisticated human societies, a fact which contradicts colonial discourse."

[267] Auf die Bedeutung multipler Einflüsse für die gegenwärtige algerische Kultur weisen auch Scharfman und Zimra hin, vgl. Scharfman 2001, S. 127/128 und Zimra 1996, S.826. Bereits Bourdieu hatte in seiner soziologischen Studie zur algerischen Gesellschaft zu Beginn der 1960er Jahre aufgezeigt, dass ein alleiniges Festmachen der algerischen Kultur an ihrer arabo-islamischen Komponente nicht ausreichend sei, vgl. Bourdieu 1963, S.81: „Il faut donc se garder de retenir seulement, pour la raison qu'ils sont plus manifestes, les phénomènes d'arabisation."

[268] Vgl. Kap.3.2. Fiktion erscheint in Djebars postkolonialer Historiografie als ein probates Mittel, um historische Lücken zu schließen.

streut sie in als solchen gekennzeichneten Zitaten bisweilen in den Romantext ein. Ähnlich wie in *L'Amour, la fantasia* strebt Djebar neben der Infragestellung der vom FLN-Regime praktizierten Kultur- und Sprachpolitik daher auch in *Vaste est la prison* eine postkoloniale Subversion historischer Quellen im Sinne Donadeys[269] an. Insbesondere trifft dies auf die von ihr ausgewählten Reiseberichte zu, die zwar nicht unmittelbar im Zusammenhang mit der französischen Kolonisierung Algeriens stehen, aber dennoch den imperialistischen und ethnozentrischen Geist der kolonialen Periode widerspiegeln und auf deren Absurditäten Djebar aufmerksam macht.

Dies geschieht einesteils mittels der Ironisierung der europäisch überheblichen Perspektive: Eine solche nehmen Lord Temple und sein Begleiter Falbe ein, als sie, bereits ortskundig, sich anschicken, eine Expedition zu den Ruinen Karthagos zu unternehmen. Die Planung dieser Expedition erfolgt im Rahmen einer „association archéologique" (VP, 135), ihr Ziel artikuliert sich dahingehend, dass „des ‚fouilles sur le sol de Carthage et autres villes anciennes dans les régences barbaresques'" (VP, 135) unternommen werden sollen. Ironie tritt dabei auf den Plan, wenn die beiden Amateurarchäologen „à la suite de l'armée française" (VP, 136) bereits an der Stätte ihres Wissensdurstes angelangt sind und dort Zeugen der französischen Eroberung Constantines werden, die sich aufgrund verheerender Wetterverhältnisse als „éprouvant pour les deux armées" (VP, 136) erweist. Inmitten der Beschreibung des grausamen Spektakels kommentiert ein einzelner lakonischer Halbsatz die Absurdität eines archäologischen Unterfangens im Zuge des Eroberungskrieges: „[...] lord Temple ne rêve déjà plus aussi ardemment de la découverte du tombeau de Masinissa!" (VP, 136). Ironie schlägt sich auch in der Formulierung „Nos deux touristes reprennent leurs calculs, leurs repérages, puis sir Temple admire une statue de femme aux deux éléphants qu'avait dessinée Shaw [...]" (VP, 138) nieder, mit der Djebar/die Erzählerin[270] die Aufmerksamkeit auf die groteske Selbstverständlichkeit lenkt, mit welcher Temple und Falbe nach der vollendeten Eroberung ihre Expedition fortsetzen, offenbar ohne sich den in Nordafrika tobenden Kolonisierungskrieg ins Bewusstsein zu rufen oder mindestens ohne diesem ihr Interesse zu schenken.

Andererseits manifestiert sich Djebars Subversion auch, indem sie eben jenes Nichtwahrnehmen, das banalisierende Abtun kolonialer Grausamkeiten sowie die Rücksichtslosigkeit beleuchtet, die die beiden scheinbar kultivierten Europäer an

---

[269] Siehe Kap.3 und Donadey 2001, S.46.
[270] Wie bereits in *L'Amour, la fantasia* bleibt die Zuordnung der Erzählstimme auch im zweiten Teil von *Vaste est la prison* nicht klar abzugrenzen.

den Tag legen. So nehmen sie, um zur ihrer Ausgrabungsstätte zu gelangen, nicht nur die Hilfe der französischen Armee in Anspruch:

> „Le général Valée a promis de créer une commission scientifique pour aider les deux archéologues; ceux-ci profitent de l'occasion pour reconnaître les ruines d'Hippone, et, bientôt celles de Cirta, une fois la ville prise" (VP, 136)

und wohnen aus diesem Grund – „dans une perspective inattendue, puisque apparemment ‚savante'" (VP, 136) – der Annexion Constantines bei. Die Diskrepanz, die in der Sichtweise der beiden Archäologen zwischen dem Wert von Menschenleben und demjenigen von Kulturgütern besteht, demonstriert auch, dass ihr augenscheinlich wissenschaftliches Erkenntnisinteresse sie nicht in einer neutralen Position belässt, dass sie aufgrund ihrer Ignoranz, die von ihrer imperialistischen Denkweise zeugt, Schuld auf sich laden, auch wenn sie sich nur auf einem Nebenschauplatz des Krieges tummeln. Denn derweil Lord Temple den Tod einiger hundert Menschen, die bei der französischen Einnahme aus der *Kasbah* zu fliehen suchen und dabei ihr Leben lassen, nur „assez brièvement" (VP, 137) erwähnt, eilt er, kaum ist Constantine in französische Hände gefallen, mit seinem Kollegen Falbe zu den über die Stadt verteilten antiken Monumenten, um festzustellen, ob diese bei der Eroberung Schaden genommen haben: „Le récit anglais du docteur Shaw à la main, ils répertorient les monuments antiques encore en état – beaucoup ont été démolis – vingt ans auparavant" (VP, 138).

Djebars Kritik an den zerstörerischen Folgen des europäischen Imperialismus richtet sich schließlich gegen die Destruktion nordafrikanischer Kulturgüter um des Profits willen. Weil orientalische Altertümer seit der „expédition d'Égypte de Napoléon" (VP, 141) auf dem europäischen Markt großen Absatz finden, widerfährt ein solches Schicksal auch dem Mausoleum von Dougga. Der in Tunis ansässige englische Botschafter – analog der beiden Archäologen steht er ebenfalls in keinem direkten Zusammenhang mit der französischen Kolonisierung Algeriens, sondern ist „nur" ein Vertreter des imperialistischen europäischen Denkens im 19. Jahrhundert – beschließt, weil diese allein ihm wertvoll erscheint, sich der bilingualen Stele zu bemächtigen, die das Mausoleum ziert, um sie an das *British Museum* zu verkaufen. Im Jahr 1842 schickt er daher mit Bewilligung des *Bey* – denn „[c'] est bien connu, l'administration des pays musulmans est le plus souvent indifférente à cette mémoire de l'Antiquité" (VP, 142) – einen Trupp von Arbeitern nach Dougga, die die Stele demontieren und, da sie technisch schlecht ausgestattet sind, nicht nur ein „champ de ruines" (VP, 142) hinterlassen, weil sie die gesamte Fassade des

Mausoleums zerstören, sondern überdies die Stele selbst in zwei Teile sägen, um sie „plus facilement transportable" (VP, 142) zu machen.

5.1.3 Ergänzung der Historiografie um eine weibliche Perspektive

Mit dem Übergang von *L'effacement dans le cœur* zu *L'effacement sur la pierre* vollzieht sich in *Vaste est la prison* ein Wechsel der Erzählperspektive: Ist im ersten Teil des Romans stets eine Ich-Erzählerin zugegen, so präsentiert sich im zweiten Teil eine Erzählerin in der dritten Person, die den Leser bisweilen in ihre Sichtweise zu integrieren sucht, indem sie sich eines Pronomens in der ersten Person Plural bedient.[271] Dieser Perspektivwechsel, der sich ebenso abrupt vollzieht wie der inhaltliche Bruch, wird in *L'effacement sur la pierre* konsequent durchgehalten – abgesehen von einer Ausnahme im siebten Kapitel: Dort tritt die Erzählerin, wenn sie das Schicksal des griechischen Chronisten Polybios nachzeichnet, plötzlich wieder in der ersten Person auf.[272] Sie steht als eine Vorankündigung des erneuten, endgültigen Perspektivwechsels zurück zur Ich-Erzählerin. Dieser charakterisiert zwar den dritten Teil des Romans, vollzieht sich jedoch bereits im vorangehenden *Abalessa*, das, weil es im Gegensatz zu allen anderen Kapiteln unnummeriert steht und als Traum der Ich-Erzählerin im Text kursiv erscheint, in der Kapitelabfolge von *L'effacement sur la pierre* außen vor bleibt. Gleichwohl gliedert es sich als Gegenstück zu dem in den ersten fünf Kapiteln dargestellten Wiederauffinden des Berberalphabetes in den zweiten Romanteil ein und vervollständigt dessen Geschichte. Hatte sich in *L'effacement sur la pierre* zunächst, Etappe für Etappe zurückverfolgt, des Rätsels Lösung angekündigt, so beleuchtet *Abalessa* die Umstände des Verschwindens der alten Schrift. Während sich jedoch die Schritte des Entzifferns der in die Stele gravierten Schrift anhand der ausführlichen Dokumentation sowohl ohne Schwierigkeiten nachvollziehen als auch historisch belegen lassen, bleiben demgegenüber die Umstände ihres Verlustes im Dunkeln. Um diese Lücke in der Historiografie zu schließen und das Verschwinden des Berberalphabets rekonstruieren zu können, greift Djebar in *Abalessa* – ähnlich wie in *La stèle et les flammes* für die Einweihung des Mausoleums von Dougga – auf Fiktion zurück. Weil die Kenntnis ihrer Schrift sich im Laufe der Jahrhunderte der berberophonen Bevölkerung mehr und mehr entzogen hat, die Touareg diese je-

---

[271] Dies etwa, wenn sie Temple und Falbe „[n]os deux touristes" (VP, 138) nennt oder eine Zeitangabe zu präzisieren sucht: „Nous sommes en 1857 [...]" (VP, 149).
[272] „Or moi, l'humble narratrice d'aujourd'hui, je dis, [...] " (VP, 158).

doch bis in die Gegenwart bewahrt haben und verwenden, wählt Djebar durch den Traum ihrer Erzählerin die Tiefen der Sahara als Ursprung ihrer eigenen Darstellung der Geschichte um den berberischen Schriftverlust. Dorthin zieht sich im vierten Jahrhundert n.Chr. aus unbekannten Gründen die Prinzessin Tin Hinan – eine in der *Memoria* der Touareg präsente „silhouette aussi évanescente qu'une fumée, un fantôme ou un mythe" (VP, 161) – zurück, deren tatsächliche Existenz erst 1925 von Archäologen bestätigt wurde. In ihrer Nekropole wurden bei den Ausgrabungen von 1925 auch Spuren einer „écriture lybique antérieure même à celle de Dougga" (VP, 163) gefunden. Dies veranlasst die Erzählerin in ihrem „rêve tenace qui tente de rassembler les cendres du temps" (VP, 163) die Flucht der Prinzessin aus dem Norden in die Sahara mit dem geografisch analog verlaufenden Rückzug des *Tifinagh*-Alphabets in Verbindung zu bringen: „J'imagine donc", so folgert sie, „la princesse du Hoggar qui, autrefois dans sa fuite, emporta l'alphabet archaïque, puis en confia les caractères à ses amies, juste avant de mourir" (VP, 164). Tin Hinans Reise in die Wüste erklärt in Djebars teils auf Fiktion basierender Version der Geschichte nicht nur den Verlust des alten Alphabets. Mit ihr erhält auch die ihr am Herzen liegende, sowohl in der kolonialen, als auch in der offiziellen Historiografie des unabhängigen Algeriens absente weibliche Komponente Einzug in ihre Lesart maghrebinischer Geschichte.

Djebars in *L'Amour, la fantasia* begonnene Subversion historischer Quellen findet somit in *Vaste est la prison* ihre Fortsetzung. Sie erfolgt in *L'effacement sur la pierre* in dreierlei Hinsicht: Einerseits durch das – mittels der Stele von Dougga und der Geschichte des *Tifinagh*-Alphabets vonstattengehende – Hinweisen auf den Multilinguismus und die kulturelle Vielfalt im Maghreb, die die algerische Kultur kennzeichnen, von der algerischen Kulturpolitik jedoch negiert werden. Subversion findet sich andererseits in der Untersuchung imperialistischer Reiseberichte auf ihre Banalisierung kolonialer Grausamkeiten und schließlich, indem Djebar die originäre Verantwortung für den Verlust und gleichzeitig das über Jahrhunderte gewährleistete Tradieren der Berberschrift der Prinzessin Tin Hinan zuschreibt und damit den verfügbaren Quellen eine partiell durch Fiktion ergänzte weibliche Sichtweise hinzufügt.

5.2 Frauengeschichte(n) in Un silencieux désir

5.2.1 Der Film als Mittel der Dokumentation von Frauengeschichte

Assia Djebars Betonung der weiblichen Perspektive in der Geschichte findet ihre Fortsetzung in *Un silencieux désir*. Gegenstand dieses Romanteils bilden im Unterschied zu *L'effacement sur la pierre* keine – in dem Sinne, dass die Tragweite dieser Ereignisse Konsequenzen für die Allgemeinheit hätte – größeren historischen Begebenheiten. Im Mittelpunkt stehen vielmehr die sich fernab der großen Bühne der Geschichte abspielenden Lebensgeschichten einzelner Frauen. Über die Erzählerin Isma,[273] die sich anschickt, die Biografien ihrer Mutter und Großmutter nachzuvollziehen, lässt Djebar diese in den Roman Eingang finden. Ebenfalls durch die Figur Ismas wirft sie andererseits die Frage auf, inwieweit und auf welche Weise die Dokumentation der im Verborgenen bleibenden weiblichen Geschichten und Traditionen ermöglicht werden kann. Diejenigen der in *Un silencieux désir* alternierend angeordneten Kapitel, die als Drehtagebuch konzipiert sind und den Titel *Femme arabe* tragen, thematisieren daher nicht nur episodenhaft die Dreharbeiten, sondern dokumentieren zugleich ihre im Vorfeld angestellten Reflexionen bezüglich dieser Problematik.[274] Zwei ausschlaggebende Ereignisse lassen den Film für Isma als adäquates Medium für das Festschreiben der Frauengeschichten erscheinen: Einerseits kennzeichnet die Ermordung Pier Paolo Pasolinis eine entscheidende Etappe im Prozess ihrer Bewusstwerdung, dass eine Visualisierung im Gegensatz zur schriftlichen Fixierung in französischer Sprache es ermöglicht, kulturelle Eigentümlichkeiten authentisch zu konservieren:

> „Moi, femme arabe, écrivant mal l'arabe classique, aimant et souffrant dans le dialecte de ma mère, sachant qu'il me faut retrouver le chant profond, étranglé dans la gorge des miens, le retrouver par l'image, par le murmure sous l'image, je me dis désormais: ‚Je commence (ou je finis) parce que, dans un lit d'avant l'amour, j'ai ressenti vingt-quatre

---

[273] Crosta sieht in Djebars Romanfiguren stets Instanzen, denen die Aufgabe zukommt, Außenstehenden eine Idee der verborgenen Traditionen des Harems zu vermitteln. Vgl. Crosta 1996, S.73: „[...] Djebar se préoccupe de donner corps aux voix occultées. Elle reprend à sa manière la cueillette des voix et des chants populaires algériens au féminin. Il n'est guère surprenant qu'elle confère à ses personnages la tâche de traduire les chants des aïeules pour les revivifier et les faire connaître par un plus grand public.“

[274] Djebars Assoziation der Kamera, die die Filmszenen festhält, mit dem eingeschränkten Blickfeld einer verschleierten muslimischen Frau, sowie ihr Bestreben, mit ebenjener Kamera eine weibliche Perspektive zu repräsentieren, muss an dieser Stelle unberücksichtigt bleiben. Näher thematisiert findet sich die Problematik des Blicks u. a. bei Huughe 1996, Mortimer 1996 und Rocca 2005.

heures après et une Méditerranée entre nous, la mort de Pasolini comme un cri, un cri ouvert'" (VP, 201).

Gleichermaßen ausschlaggebend erweist sich auch die Trauer ihrer Mutter angesichts des Todes eines „chanteur andalou populaire" (VP, 201), die der Erzählerin einmal mehr die Notwendigkeit aufzeigt, weibliches Erleben filmisch festzuhalten:

> „Et moi, j'avais envie de conserver les larmes de ma mère soudain rajeunie, ou de creuser le chant… comment, par quelle chorégraphie irréelle: images de corps de femmes flottant en travers des patios, dans l'air entre les marbres frémissant des inflexions de la voix du baryton qui venait de mourir! Décidément, je m'avance vers l'image-son, yeux fermés, tâtonnant dans le noir, recherchant l'écho perdu des thrènes qui ont fait verser des larmes d'amour" (VP, 201/202).

Am *Mont Chenoua*, einige Kilometer außerhalb von Algier, begibt sich Isma eines Sommers zu einer „quête de la mémoire des dames de la montagne" (VP, 322), die ihrem Film als Material zugrunde liegen soll. Die Schätze weiblicher *Memoria* eröffnen sich ihr reichhaltig:

> „[…] les filles des petites-filles des aïeules, dans les hameaux où subsiste un savoir balbutiant, quelquefois auréolé de légendes, mais aussi une volonté de mémoire tenace, concentrée comme le vert des feuilles du figuier, comme des épines étoilées, ces parleuses transmettent à mi-voix par lambeaux, leurs récits souterrains…" (VP, 322/323).

Der aus den Interviews und Befragungen entstehende Film soll das Leben der Frauen auf dem Land[275] nachzeichnen. Doch nicht nur durch ihren Film sucht Isma weibliche Geschichte zu schreiben. Während der Dreharbeiten am *Mont Chenoua* trifft sie auch auf eine Reihe von Frauen, die zwar am Drehort präsent, jedoch nicht unmittelbar in das Geschehen involviert sind und von deren Schicksalen sie flüchtige Aspekte in ihrem Drehtagebuch skizziert. Die auf diese Weise der Anonymität und dem Vergessen Entrissenen sind Frauen (oder Mädchen), deren Schicksale ohne ihr Intervenieren nirgendwo Erwähnung gefunden hätten: Unter ihnen befinden sich „la veuve" (VP, 247), die nach dem Tod ihres Mannes ärmlich mit ihren fünf Kindern lebt und ihre Tochter Aichoucha, „la bergère analphabète de huit ans" (VP, 251/252), die als Statistin im Film auftritt und aufgrund des ihr verschlossenen Weges zu jeglicher Schulbildung in der Zukunft nicht auf eine Verbesserung ihrer Lebenskonditionen hoffen darf. Erwähnt findet sich überdies eine aufgrund ihrer jugendlich-unschuldigen Schönheit von Isma als „la Madone" (VP, 221) be-

---

[275] Die in *Vaste est la prison* mit *Femme arable* bezeichneten Kapitel tragen demgemäss in der deutschen Übersetzung des Romans den Titel *Frauen auf dem Land*.

zeichnete Frau, deren Name für die Dauer der Dreharbeiten ebenso ungenannt bleibt, wie sie an diesen nicht partizipieren darf – „[...] parce que son mari – mon fils – travaille à la capitale et est absent d'ici" (VP, 222), wie die Schwiegermutter erläutert. Für Isma steht sie in ihrer stummen Präsenz stellvertretend für all jene Frauen, die Zeit ihres Lebens der Öffentlichkeit fern bleiben: „Elle qui, la première, avec ce sourire timide offert à moi, aurait pu dire: ‚Je représente ici toutes les femmes que tes machines ne cerneront pas. Je suis la frange de l'interdit et je t'aime'" (VP, 223) und in deren Namen der Film konzipiert wurde.

5.2.2 Ismas weibliche Genealogie

Anders als die in den *Femme arable*-Kapiteln fragmentarisch präsentierten Frauen-leben dokumentieren die *Mouvements* die in ihnen thematisierten weiblichen Bio-grafien präziser. Da sie zu ihrem Bedauern von der Solidarität des Harems ausge-schlossen ist, hat die Erzählerin das Bedürfnis, die eigene Person kraft der von ihr aufgespürten Genealogie der „fugitives" in einer weiblichen Tradition zu veran-kern. Wohl hatte sie die Anfänge jener Genealogie jenseits blutsverwandtschaftli-cher Bande an Ausnahmefiguren wie Tin Hinan und Zoraida festgemacht. Für ihre letztendliche Einreihung in eine Tradition, die das verknüpfende Moment zu den Frauen ihrer Heimat bilden soll, sucht Isma die Genealogie der „fugitives"[276] je-doch innerhalb ihrer Familie fortzusetzen. Folgerichtig wird unter den in sich *Un silencieux désir* präsentierenden weiblichen Biografien vornehmlich denjenigen von Ismas Mutter und Großmutter Aufmerksamkeit zuteil. Obschon beide augen-scheinlich ein traditionelles Frauenleben führen, sind sie von Zeit zu Zeit gezwun-gen – oder besitzen die Freiheit – die Grenzen des gewöhnlich eng bemessenen weiblichen Raums zu überschreiten: „As Lla Fatima subverts patriarchal dominati-on, her daughter Bahia challenges colonial authority."[277]

Die Großmutter Lla Fatima sieht sich mit derartigen Herausforderungen bereits in ihrer Jugend konfrontiert. Im ausgehenden 19. Jahrhundert wird sie vierzehnjäh-rig von ihrem Vater mit einem Greis verheiratet (VP, 204), und fügt sich, wenn-gleich sie heimlich die „intervention inespérée du ‚voleur de mariée'" (VP, 210) erhofft hatte, klaglos in das Schicksal ihrer Ehe:

---

[276] Zur Genealogie der „fugitives" siehe auch Kap.4.4.2.
[277] Mortimer 1996, S.864.

92

„La quatrième épouse semblait si jeune et, fallait-il le constater, si réservée, alors que les brus et les filles connaissaient, de cette fille du mokkadem du saint Ahmed ou Abdallah, l'enfance campagnarde, libre sans doute, et choyée, et rieuse... Elle se tenait, le lendemain de ses noces, droite, mystérieuse, ni amère ni épanouie: elle ne se fermait pas non plus, elle ne déguisait rien. [...] Elle restait la fille du mokkadem, elle qui, là-haut, dans son hameau, était habituée tranquillement aux hommages des paysannes, des paysans, grâce à la baraka dont elle se trouvait, elle aussi, dépositaire" (VP, 211/212).

Vermag die junge Fatima angesichts ihrer *Mesalliance* Haltung zu bewahren, so weiß sie ihrem alten Mann gegenüber gleichfalls ihre Wünsche zum Ausdruck zu bringen und fordert von diesem von Beginn ihrer Ehe die Erlaubnis, sich einmal wöchentlich aus dem Haus entfernen zu dürfen, um dem Vater beim Freitagsgebet zu assistieren:

„Soliman, dans la chambre – c'était environ le dixième jour après sa noce et, déjà, Fatima savait manifester ses désirs – avait écouté le vœu de son épouse-enfant: ‚Oh, je n'aimerais pas manquer, chaque aube du vendredi, à mon père, le mokkadem!'" (VP, 218).

Als Soliman nach drei Jahren Ehe verstirbt, beweist Fatima ein für ihr Alter ungewöhnliches Maß an „lucidité" (VP, 216): Sie verzichtet aus eigenem Entschluss auf den ihr als Ehefrau rechtmäßig zustehenden, jedoch aufgrund der vielen Erben, die Soliman aus vier Ehen hinterlässt, auch hart umkämpften Platz im Haus ihres Mannes und kehrt zurück in ihr Heimatdorf in den Bergen, wo sie als „maîtresse de maison sur toute la petite communauté" (VP, 229) auftritt und das elterliche Gut in Absenz jeder männlichen Autorität nach eigenem Gutdünken verwaltet. Ihre aus erster Ehe verbliebene Tochter erzieht sie allein, bis der Vater ihr einige Jahre später einen neuen Ehemann empfiehlt, nach dessen Tod sie erneut ohne männliches Familienoberhaupt, jedoch mit drei weiteren Kindern zurückbleibt. Von ihrem dritten und letzten Ehemann, dessen großzügiger Lebensstil sie befürchten lässt, er gefährde das Erbe ihres „fils unique" und „seul avenir" (VP, 225), trennt Fatima sich schließlich aus eigener Initiative: „[...] elle se sépare d'autorité, en demandant au cadi, selon le droit musulman, autonomie pour gérer, seule, ses biens" (VP, 225). Fortan Herrin über ihr eigenes Geschick und das ihrer Kinder lässt Fatima sich, zwanzig Jahre nachdem sie Solimans Haus den Rücken gekehrt hat, wieder und „cette fois définitivement" (VP, 225) in der Stadt nieder, wo sie als „exemple de la décision, de l'intelligence féminines" (VP, 226) bei den weiblichen Nachkommen ihres ersten Ehemannes hohes Ansehen genießt: Sie nennen sie, gleichwohl Fatima jünger ist als sie, „,tante' ou ‚amti', c'est-à-dire ‚tante paternelle.' Par respect" (VP, 226).

Im Unterschied zu derjenigen Lla Fatimas besteht die Grenzüberschreitung ihrer jüngsten Tochter Bahia nicht im Kampf gegen männliche Dominanz, vielmehr richtet sie sich gegen die französische Administration. Mit dieser ist sie gezwungen in Kontakt zu treten, als sie um eine Besuchserlaubnis für das Gefängnis in Metz ersucht, wo ihr Sohn aufgrund seines nationalistischen Engagements während des Unabhängigkeitskrieges inhaftiert ist. Bahia, eigentlich eine „Mauresque andalouse" (VP, 185), die sich für gewöhnlich in der Öffentlichkeit nur verschleiert und in Begleitung ihres Mannes bewegt, beschließt nichtsdestotrotz, als sie nach vielen Monaten ohne ein Lebenszeichen von ihrem Sohn durch einen Brief erfährt, er sei „objet d'une inculpation" (VP, 182), sich entgegen der Tradition allein nach Frankreich zu begeben:

> „Le soir, tard, dans la cuisine, elle décida silencieusement, et pour elle-même, [...] oui, elle décida fermement, irrévocablement, que si son fils devait rester incarcéré des années, eh bien elle irait là-bas, ‚et même seule, si c'était nécessaire!'" (VP, 183).

Dank der Profession ihres Mannes des Französischen mächtig, überzeugt sie diesen, sie die Reise „pour une cure de détente" (VP, 185) und in Begleitung ihrer jüngsten Tochter antreten zu lassen. Dass der erste Versuch einer Kontaktaufnahme scheitert – „Sélim, en leur écrivant [...] leur déconseillait de venir jusqu'à lui" (VP, 186) –, nimmt Bahia nichts von ihrer Hartnäckigkeit. Ein Jahr später und besser gewappnet – „Elle parlait maintenant sans accent" (VP, 188) – überquert sie erneut und diesmal ohne Begleitung das Mittelmeer. Um so wenig Aufsehen wie möglich zu erregen, unternimmt sie auch ihre zweite Reise „in Verkleidung" – Bahia trägt weder Schleier noch anderweitig traditionelle algerische Kleidung:

> „ [...] ses cheveux châtain clair, sa toilette de la boutique la plus élégante d'Alger la faisaient prendre (quarante ans, elle en paraissait dix de moins, un peu raidie dans son air ‚chic') pas tellement pour une Française, plutôt pour une bourgeoise d'Italie du Nord, ou pour une Espagnole qui serait francisée…" (VP, 188/189).

Von ihrer attraktiven Erscheinung beeindruckt zeigen sich im Gefängnis von Metz der Pförtner: „Une fiancée, pensa vaguement l'homme soupçonneux, on ne dirait pas une mère, et de là-bas!" (VP, 189), der Bahia zum Büro des Direktors weiterleitet, und schließlich dieser selbst – „une Mauresque, cette jeune femme si bien habillée? " (VP, 195) –, der ihr Zutritt zu ihrem Sohn gewährt, obgleich sie außerhalb der Besuchszeiten erscheint. Dank ihrer Beharrlichkeit, vor allem jedoch ihres Mutes, Grenzen zu überschreiten, gelangt Bahia an ihr Ziel und trifft den lange vermissten Sohn wieder.

Wenn Isma mit Hilfe ihrer Tante, die ihr bei der Biografie ihrer Großmutter zur Seite steht, um bestehende Wissenslücken zu füllen, in ihrem Erinnerungsprozess die Lebensgeschichten der „fugitives" ihrer Familie nachzuvollziehen sucht, so konzentriert sich ihre Aufmerksamkeit dabei weniger auf das Alltägliche und Durchschnittliche im Leben dieser Frauen, als vielmehr auf das, was sie als außergewöhnlich auszeichnet, ihre Grenzüberschreitungen:

> „Tout en traçant les générations des femmes qui la lient à sa famille, Djebar souligne la fa-
> çon à la fois audacieuse et douloureuse qu'avait chacune de ces héroïnes d'interrompre les
> liens généalogiques et sociaux qui risquaient de les emprisonner, de les figer en tant que
> femmes dans leurs origines."[278]

Dank der Betonung von Ereignissen im Leben ihrer Mutter und Großmutter, die sich außerhalb traditioneller Gepflogenheiten ansiedeln, findet Isma, die sich als Intellektuelle außerhalb des Harems bewegt und deren Verhalten bereits in ihrer Jugend von der „Norm" abweicht, den Anknüpfungspunkt an eine weibliche Tradition.

5.3 Isma und Assia Djebar – autobiografische Elemente in *Vaste est la prison*

Als dritte Form weiblicher Geschichte findet schließlich die Biografie Ismas Eingang in *Vaste est la prison*: Dies erfolgt einesteils, indem die Ich-Erzählerin sich vermöge der von ihr in *Un silencieux désir* rekonstruierten Episoden aus ihrer Kindheit und Jugend als Glied in die Kette der „fugitives" einzuordnen sucht. Davon abgesehen durchzieht Ismas Biografie auch bruchstückhaft alle Teile des Romans: Wenngleich ihr Name über zwei Drittel des Romangeschehens hinweg ungenannt bleibt, erweist sich jene Ich-Erzählerin, die in *L'effacement dans le cœur* die Liebe zu einem jüngeren Mann schildert, nicht nur als dieselbe, die in *Un silencieux désir* ihre weibliche Genealogie nachzeichnet, sondern auch als diejenige, die ihre Reflexionen bezüglich ihres Filmprojektes in einem Tagebuch niederzuschreiben unternimmt und schließlich gar als diejenige, deren Träume von der Prinzessin Tin Hinan bewohnt sind, sodass sie als verbindendes Element der ansonsten weitgehend autonomen Romanteile fungiert.[279]

---

[278] Scharfman 2001, S.129. Scharfman setzt an dieser Stelle die Autorin mit der Erzählerin gleich.
[279] Zu Isma als verbindendem Element in *Vaste est la prison* siehe auch Kap.3.1.

In ihrer Analyse der Historiografie in Djebars Roman *L'Amour, la fantasia* stellt Chikhi fest, dass diesem drei unterschiedliche historische Diskurse zugrunde liegen, die im Roman in ein komplexes Zusammenspiel treten und die sie bezeichnet als:

> „ [...] discours-témoignages d'époques déployés sous forme de citations traitées, discours-témoignages des femmes de la tribu assurant la survivance d'une parole que l'on croyait éteinte, et discours-parcours autobiographique dont le credo est l'accessibilité à la sphère supérieure des discours de l'histoire."[280]

Übertragen auf *Vaste est la prison*[281] bietet sich in diesem dritten Teil des *Quatuor algérien* der „discours-témoignages d'époques déployés sous forme des citations traitées" – als die Geschichte, welcher über eine individuelle Reichweite hinaus Bedeutung zukommt – in Form der von der imperialistischen Gesinnung ihrer Autoren zeugenden archäologischen Reiseberichte dar, wohingegen sich der „discours-témoignages des femmes de la tribu" in den von Isma nachvollzogenen Biografien ihrer weiblichen Genealogie repräsentiert findet. Demnach müsste, konstituiert sich die Historiografie in *Vaste est la prison* analog zu derjenigen in *L'Amour, la fantasia*, der „discours-parcours autobiographique" in den Teilen des Romans zugegen sein, die um die Biografie der Ich-Erzählerin kreisen. Tatsächlich charakterisiert die Autorin selbst, obschon sie sich hinsichtlich des Schreibens über ihr eigenes Leben lange Zeit in Zurückhaltung – bis hin zur völligen Weigerung der Publikation[282] – geübt hatte und es ihr als ein Akt der „violence"[283] erscheint, die Romane ihres *Quatuor* in aller Deutlichkeit als autobiografisches Projekt:

---

[280] Chikhi 1997, S.146/147.

[281] Das von Chikhi beschriebene Zusammentreffen verschiedener historischer Diskurse erscheint aus Gründen der Analogie auf *Vaste est la prison* übertragbar, da die beiden Romane ihre Zugehörigkeit zum *Quatuor* verbindet und Historiografie sich auch in *Vaste est la prison* als zentrales Moment präsentiert. Eine ähnliche, wenn auch ungenauere Unterteilung der historischen Diskurse trifft Lazaraus auch für *Vaste est la prison*, vgl. Lazarus 2010, S.87: „In *Vaste est la prison*, Djebar weaves a complex fabric of references to personal history, Algerian history, an ongoing filmproject and events in present-day Algeria. One thread holds all of these elements together: the theme of Algerian women's condition."

[282] Vgl. Djebar 1993, S.10: „Lorsque j'ai écrit ce roman [*Les Alouettes naïves*], texte où ma motivation à la fois d'Algérien et d'écrivain de langue française, restait celle du romancier pur, dirais-je, je n'ai pu éviter d'utiliser un matériel autobiographique, au milieu du récit. L'écriture romanesque, pour une femme en particulier, finit toujours par être une écriture sur sa propre vie et sur soi-même: j'avais plus ou moins décidé d'arrêter. " Vgl. auch Kap.2.3.

[283] Djebar, Assia: Violence de l'autobiographie. In: Hornung, Alfred und Ernstpeter Ruhe (Hg.): Postcolonialisme & autobiographie. Albert Memmi, Assia Djebar, Daniel Maximin. Amsterdam, Atlanta: Rodopi 1998, S.90. Die Gewalt im autobiografischen Schreiben sieht Djebar darin, dass der Leser, der sich einem autobiografischen Text nähert, seinem Verfasser ein Stück seiner Persönlich-

„ [...] depuis 1982 j'ai commencé d'entrer dans un ensemble romanesque, qui, à mes yeux, comportera quatre romans. C'est un quatuor dans lequel je peux regarder mon enfance, mon adolescence, ma formation, jeter un coup d'œil sur ma vie, parce que, avec l'âge, évidemment, je peux la regarder comme si c'était celle d'une autre. Donc, je me suis essayée à cette tentation de l'autobiographie dans la maturité. "[284]

Indes kann weder *Vaste est la prison* noch einer der beiden anderen Teile des *Quatuor* als Autobiografie im Sinne Philippe Lejeunes aufgefasst werden. In *Le pacte autobiographique* listet Lejeune, dessen Studie noch immer als grundlegend verstanden wird, ein Zusammenspiel unterschiedlicher Kriterien auf, die erfüllt sein müssen, damit ein Text als autobiografisch klassifiziert werden könne. Autobiografie ist demzufolge jedes „[r]écit rétrospectif en prose qu'une personne réelle fait de sa propre existence, lorsqu'elle met l'accent sur sa vie individuelle, en particulier sur l'histoire de sa personnalité. "[285] In formaler Hinsicht muss es sich nach Lejeune bei der Autobiografie um eine Prosa-Erzählung handeln, inhaltliche Voraussetzung ist, dass eine „vie individuelle"[286] zum Gegenstand des Textes gewählt und diese in einer „perspective rétrospective"[287] wiedergegeben wird. Die aufgrund dieser Kriterien angestrebte Definition von Autobiografie bewegt sich damit innerhalb eng umrissener Grenzen, Lejeune insistiert jedoch in besonderem Maße auf zwei Konditionen, die „affaire de tout ou rien"[288] seien: Autor und Erzähler (1), Erzähler und Protagonist (2) vereinen sich in ein- und derselben Person und tragen idealiter denselben Namen.[289]

Angewendet auf Assia Djebars autobiografisches Schreiben in *Vaste est la prison* (und den anderen Romanen des *Quatuor algérien*) ist ohne Schwierigkeit aus-

---

keit entreißt: „[...] un premier lecteur ou lectrice [...] vous déchire, vous arrache un lambeau de vous-même, ou vous paralyse un long moment [...]."

[284] Djebar 1993, S.19; vgl. ebenso Djebar 1998, S.91; Djebar, Assia: Le quatuor d'Alger, la tentation de l'autobiographie (= Assia Djebar à Cologne, juin 1988. Assia Djebar présente à Barbara Arnhold L'Amour, la fantasia et Ombre sultane. In: CEM 14 (2000b), S.35-38 sowie Zimra, Clarisse: Autographie et Je/jeux d'espace. Architecture de l'imaginaire dans le Quatuor d'Assia Djebar. In: Hornung, Alfred und Ernstpeter Ruhe: Postcolonialisme & autobiographie. Albert Memmi, Assia Djebar, Daniel Maximin. Amsterdam, Atlanta: Rodopi 1998, S.117-135.

[285] Lejeune, Philippe: Le pacte autobiographique. Paris: Seuil 1975, S.14.

[286] Lejeune 1975, S.14.

[287] Lejeune 1975, S.14; neben der Autobiografie erkennt Lejeune eine Reihe von „genres voisins" an, unter ihnen etwa „mémoires" oder „journal intime", die ihm zufolge, wenngleich sie einen autobiografischen Hintergrund aufweisen, doch nicht unter der Autobiografie im engen Sinne subsumiert werden können.

[288] Lejeune 1975, S.15.

[289] Vgl. Lejeune 1975, S.23ff. Es sei denn, der Autor verwendet ein Pseudonym i.S. eines „nom de plume", was der Erfüllung des autobiografischen Paktes nicht im Wege stehe, wenn die sich hinter dem Pseudonym verbergende Persönlichkeit trotz allem ohne Schwierigkeiten als die des Autors auszumachen sei.

zumachen, dass es Lejeuneschen autobiografischen Pakt nicht zu erfüllen vermag: Nicht nur findet sich *Vaste est la prison* angekündigt als Roman, es fasst auch nicht – gleichwohl die Erzählerin stetig präsent erscheint – die „histoire d'une personnalité"[290] ins Auge, sondern lenkt vielmehr die Aufmerksamkeit auf eine Vielzahl weiblicher Gestalten. Dies erweist sich zugleich bedeutsam in Bezug auf die Nichteinhaltung des Lejeuneschen Kriteriums der Identität von Erzählerin und „personnage principal."[291] Tritt Isma als Protagonistin in *Le silence de l'écriture* und *L'effacement dans le cœur* hervor, möglicherweise als die der *Femme arable*-Kapitel sowie – sieht man sie als Figur, die ihre eigene Vergangenheit zu bewältigen sucht – als diejenige der *Mouvements* in *Un silencieux désir*, so spielt sie im historischen Mittelteil des Romans höchstens am Rande eine Rolle. Überdies lässt sich in *Vaste est la prison* (ebenso wenig wie zuvor in *L'Amour, la fantasia* und *Ombre Sultane*) die Kongruenz von Autorin und Erzählerin nicht anhand des Namens ausmachen: So ist zwar Assia Djebar ein Pseudonym[292], jedoch taucht in den Romanen des *Quatuor* weder dieses, noch der bürgerliche Name der Autorin, noch eine Abwandlung desselben – etwa in Form von Initialen oder eines Anagramms, die auf die Identität von Autorin und Erzählerin schließen ließen – auf. Während die Erzählerin in *L'Amour, la fantasia* anonym bleibt und sich ausschließlich durch das pronominale „je" oder auch – geschuldet den innerhalb des Romans oder sogar innerhalb der einzelnen Kapitel vollzogenen Wechseln der Erzählperspektive[293] – in der dritten Person manifestiert, trägt die Ich-Erzählerin sowohl in *Ombre Sultane* als auch in *Vaste est la prison* den Namen Isma. Dies kommt einer Anonymität gleich: „Isma" – ein arabisches Wort, zu Deutsch „Name" (VP, 331)[294] – bleibt austauschbar und verhilft keineswegs dazu, hinter der Erzählerin die Autorin zu identifizieren.

---

[290] Lejeune 1975, S.14.

[291] Lejeune 1975, S.14.

[292] Dieses hat die Autorin seit der Publikation ihres ersten Romans *La soif* zu ihrem „nom de plume" gewählt, ihr bürgerlicher Name lautet Fatima-Zohra Imalayène.

[293] Bereits innerhalb des ersten Kapitels von *L'Amour, la fantasia* vollzieht sich ein solcher (AF, S.11ff): Nach dem Auftakt „*Fillette arabe...*" wechselt plötzlich die Perspektive, wenn die Erzählerin von ihrer Kindheits- zu ihren Jugenderinnerungen überschwenkt: „Les mois, les années suivantes, *je* me suis engloutie dans l'histoire d'amour..."; Hervorhebung DH. Solche Perspektivwechsel treten auch an anderer Stelle im Roman sowie auch in *Vaste est la prison* auf.

[294] Rice verweist zudem auf die Ähnlichkeit von „Isma" und „Esma", „[...] a name that goes back to early Islam. The autobiographical self finds its inspiration in the roots of this religious tradition, for this chosen name comes with a history. 'Esma' is frequently evoked in *Loin de Médine* in reference to two different women in early Islam, Esma bent Abou Bekr and Isma bent Omaïs', vgl. Rice 2006, S.127. Elke Richter deutet die Wahl des Namens „Isma" als „Anknüpfungspunkte an ein intertextuelles Feld, das die arabische Literatur- und Autobiographietradition einschließt", vgl. Richter, Elke: Ich-Entwürfe im hybriden Raum – das *Algerische Quartett* von Assia Djebar. Frankfurt a.M.: Peter Lang 2008, S.111/112.

Wenn somit die Romane von Djebars *Quatuor algérien* die Kriterien des autobio-grafischen Paktes nicht hinreichend erfüllen, so bleibt ihnen dennoch ihr – zumal von der Autorin selbst bekräftigtes – autobiografisches Fundament nicht abzuspre-chen, vielmehr muss sowohl ihrer Entstehungszeit als auch ihrem kulturellen Ent-stehungszusammenhang Rechnung getragen werden. Bereits Lejeune selbst hatte auf den begrenzten Anwendungsbereich des autobiografischen Paktes verwiesen:

> „ [*H*]*istoriquement*, cette définition ne prétend pas couvrir plus qu'une période de deux siè-cles (depuis 1770) et ne concerne que la littérature européenne; cela ne veut pas dire qu'il faille nier l'existence d'une littérature personnelle avant 1770 ou en dehors de l'Europe, mais simplement que la manière que nous avons aujourd'hui de penser à l'autobiographie devient anachronique ou peu pertinente en dehors de ce champ. "[295]

E. Ruhe konstatiert seinerseits, das autobiografische Schreiben habe in der zweiten Hälfte des 20.Jahrhunderts aufgrund zweier „ébranlements épistémologiques"[296] – der Psychoanalyse und des Poststrukturalismus, der die Dekonstruktion des auto-nomen Subjekts unternommen habe – tiefgreifende Veränderungen erfahren: „Sa forme a perdu les contours génériques nets, son but qui était de faire le récit d'une vie bien ordonnée quant à la chronologie et au sens du vécu n'a plus valeur de pacte."[297] Erscheint Lejeunes autobiografischer Pakt damit allein aufgrund seines nicht einzuhaltenden Wahrheitsversprechens der geschilderten Ereignisse in post-modernen Konzeptionen von Literatur als unzeitgemäß, so erweist er sich umso mehr hinfällig im Kontext postkolonialer Literaturen, denn diese spiegeln kulturel-le Traditionen wider, die in einem europäischen Ansatz von Autobiografie keine Berücksichtigung finden:

> „De même que la conception occidentale du moi n'est pas applicable aux littératures non euro-péennes, la prétention à l'authenticité et à la vérité des autobiographies se révèle inutile. [...] En dehors de cela, la culture occidentale, qui est centrée sur l'écrit, dévalorise d'autres formes

---

[295] Lejeune 1975, S.13/14; Hervorhebung im Text. Zur Kritik an Lejeunes Autobiografischem Pakt vgl. auch De Toro, Alfonso: Épistémologies ,Le Maghreb'. Hybridité – Transculturalité - Transmé-dialité – Transtextualité – Corps – Globalisation – Disporisation. Paris: l'Harmattan 2009, S.128ff.
[296] Ruhe, Ernstpeter: Les mots, l'amour, la mort. Les mythomorphoses d'Assia Djebar. In: Hornung, Alfred und Ernstpeter Ruhe (Hg.): Postcolonialisme & autobiographie. Albert Memmi, Assia Dje-bar, Daniel Maximin. Amsterdam, Atlanta: Rodopi 1998, S.161.
[297] Ruhe, E. 1998, S.161; auch Gronemann kommt zu dem Schluss, dass postmoderne Konzeptionen von Literatur das „postulat d'authenticité, traditionnellement attribué à l'autobiographie" außer Kraft gesetzt haben, vgl. Gronemann, Claudia: Autofiction – nouvelle autobiographie – double autobiographie – aventure du texte: conceptions postmodernes/postcoloniales de l'autobiographie dans les littératures française et maghrébine. In: Gronemann, Claudia und Susanne Gehrmann (Hg.): Les enJEux de l'autobiographie dans les littératures de langue française. Paris: l'Harmattan 2006, S.106.

d'expression non écrite comme l'histoire orale et la mémoire ancestrale, car elles ne sont pas fixées."[298]

Einige Studien zur postkolonialen Autobiografie gehen davon aus, dass diese in außer- europäischen Kulturen inexistent ist, so etwa Farida Boualit in Bezug auf die maghrebinische Literatur: „[...] la pratique scripturaire qui consiste à parler de soi (même pour soi) dans un Journal, des Mémoires, une autobiographie intimiste, etc., n'a pas cours dans notre société."[299] Diese Absenz sieht Boualit am Rande in der im Maghreb und insbesondere in Algerien noch immer hohen Analphabeten-quote begründet, die es zahlreichen Menschen ohnehin nicht erlaube, über sich selbst zu schreiben. Mehr jedoch rühre sie von der arabo-islamischen Kultur her, in der eine Betonung des Individuums, wie sie der okzidentalen Autobiografie zugrunde liegt, verpönt ist, wenn nicht gar ein kulturelles Interdiktum bedeutet – „*maudit soit le mot je/moi*"[300] –, stellt doch die islamische Gesellschaftsordnung nicht den Einzelnen, sondern die *umma*, die Gemeinschaft der Gläubigen, in ihren Mittelpunkt.[301] Bounfour widerspricht dieser Einschätzung. Er sieht in der arabo-islamischen Literatur sehr wohl eine autobiografische Tradition vorhanden, die sich allerdings lediglich im Bereich der Darstellung religiöser Viten oder sonstiger au-ßergewöhnlicher Lebensläufe bewege:

> „Il y a deux grandes traditions autobiographiques dans la littérature arabe médiévale et classi-que: les écrits initiatiques ou de conversion des soufis et les fragments autobiographiques des grands historiens ou théologiens adressés généralement à leurs héritiers. "[302]

Im Zentrum solcher Autobiografien stehe jedoch weder die persönliche Introspek-tion, noch dienten sie dazu, Intimitäten für die Nachwelt festzuhalten. Vielmehr orientierten sich sowohl die Sufis als auch die großen muslimischen Gelehrten in

---

[298] Vgl. Gronemann 2006, S.110. Zu einer ähnlichen Einschätzung gelangt auch Richter, vgl. Rich-ter 2008, S.:14: „Die europäische Autobiographietheorie konzeptualisiert literarische Ich-Entwürfe, die im Zuge der Aufklärung und der Individualisierung der europäischen Gesellschaften entstehen. [...] Im Text der traditionellen Autobiographie entwirft sich ein normatives Subjekt à la Rousseau, das heißt ein weißes, männliches und in der Regel bürgerliches Individuum. Es verwundert daher kaum, dass diese Definitionen an ihre Grenzen stoßen, wo autobiographische Texte zur Diskussion stehen, in denen sich Subjekte äußern, die von diesen Selbst-Konzepten abweichen."

[299] Boualit, Farida: Le Blanc de l'Algérie ou le miroir brisé de l'autobiographie d'Assia Djebar. In: Bererhi, Afifa (Hrsg.): L'autobiographie en situation d'interculturalité. Blida: Editions du Tell 2004, S.339.

[300] So eine Formel des dialektalen Arabisch, vgl. Boualit 2004, S.340; Hervorhebung im Text.

[301] Vgl. auch Gronemann 2006, S.109.

[302] Bounfour, Abdallah: Forme littéraire et représentation de soi: l'autobiographie francophone du Maghreb et l'autobiographie arabe du début du siècle. In: Bonn, Charles und Arnold Rothe (Hg.): Littérature maghrébine et littérature mondiale. Würzburg: Königshausen & Neumann 1995, S.74.

ihren autobiografischen Unternehmungen an der Biografie *par excellence*, der Vita des Propheten Mohammed, einer Ansammlung fundierender Momente, die auf seine „fonction prophétique" und auf seine „exemplarité"[303] hindeuten. Analog zur Lebensgeschichte des Propheten gründeten sie daher nicht auf der Individualität ihrer Verfasser, sondern setzten sich aus Episoden zusammen, die ihren Vorbildcharakter illustrieren:

> „La biographie prophétique et les biographies spirituelles ne cherchent pas à connaître ou à expliquer mais à édifier: la vie proposée au lecteur est un modèle à imiter. [...] La biographie, dans ce sens, est l'objectivation narrativisée des valeurs morales et religieuses d'une société."[304]

Wiewohl damit die klassische arabische Literatur eine autobiografische Tradition kenne, könne diese über die Existenz der Autobiografie in der frankophonen maghrebinischen Literatur keinen Aufschluss geben, manifestiere sich in letzterer doch eben jener Einblick ins Private, der ersterer absent bleibe. Das autobiografische Schreiben ist in der maghrebinischen Literatur seit Ende des Zweiten Weltkriegs erweise sich überdies als derart zentral, dass Bounfour es mithin als Fundament derselben betrachtet:

> „La littérature francophone du Maghreb est fondée sur l'autobiographie. Que ce soit *La boîte à merveilles* de Ahmed Sefrioui, *Nedjma* de Kateb Yacine ou *Le passé simple* de Driss Chraïbi, la littérature du moi est première, à l'origine de la littérature francophone du Maghreb. "[305]

Sein Auftauchen nimmt er, „même si les études de détail nous montrent que la pratique arabe ou francophone de cette forme n'est pas de la pure imitation"[306], als eine Anleihe aus der okzidentalen Literatur wahr, die die maghrebinischen Autoren zunächst anstrebten, weil sie einesteils den Erwartungen ihrer europäischen Leserschaft, deren Interesse sich verstärkt auf den „témoignage de l'intérieur d'une société colonisée"[307] richtete, zu entsprechen suchten. Anderenteils wandten sie sich durch ihr Schreiben in der Fremdsprache, von einer maghrebinischen Leserschaft

---

[303] Bounfour, Abdallah: Autobiographie, genres et croisement des cultures. Le cas de la littérature francophone du Maghreb. In: Arnaud, Jacqueline (Hrsg.): Littératures maghrébines Bd.1. Paris: l'Harmattan 1990, S.88.

[304] Bounfour 1990, S.88/89.

[305] Bounfour 1995, S.73. Bounfour beobachtet darüber hinaus, dass, während sie sich im europäischen Kontext als „couronnement de l'œuvre" eines Schriftstellers offenbart, die Autobiografie für viele maghrebinische Autoren den Auftakt ihres Werkes bildet, vgl. Bounfour 1990, S.87.

[306] Bounfour 1990, S.76.

[307] Bounfour 1995, S.73.

ab und produzierten für ein europäisches Publikum, das sich an der Darstellung von Intimitäten nicht störe.[308] Bounfour kritisiert dabei die seiner Auffassung nach unkritische Übernahme eines literarischen Konzeptes aus einem Kulturkreis, der ein sich von demjenigen der arabo-islamischen Kultur unterscheidendes Menschenbild vertrete.[309]

Einer Autorin wie Djebar kann jedoch spätestens seit Beginn ihrer zweiten literarischen Publikationsphase nicht nachgesagt werden, sie imitiere europäische literarische Gattungen. Vermöge der postkolonialen Theorien und ihres Insistierens auf der Hybridität nachkolonialer Kulturen wurden neue Konzepte entwickelt, die den Blickwinkel weg von der Dialektik um Zentrum und Peripherie lenken und die Vorstellung einer einzigen universal gültigen Norm außer Kraft setzen.[310] Auf solche pocht auch Gronemann[311], die ähnlich wie E. Ruhe feststellt, dass das Authentizitätspostulat der „klassischen" Autobiografie für postmoderne ebenso wie für postkoloniale Konzeptionen von Literatur keine Gültigkeit mehr besitzt:

> „La problématique d'une séparation ontologique de la fiction et de la réalité ainsi que la délimitation des traditionnelles notions occidentales dont l'autobiographie sert d'exemple, se révèle également pertinente dans le contexte des littératures postcoloniales dans la mesure où l'ensemble des textes maghrébins peut être lu de façon analogue comme ‚autobiographie fictive et collective d'un espace culturel.'"[312]

Einem autobiografischen Schreiben im maghrebinischen Kontext ist Gronemann zufolge daher nicht nur eine vom okzidentalen Verständnis von Wahrheit abweichende Unterscheidung zwischen Fiktion und Realität inhärent. Es reflektiere dar-

---

[308] Vgl. Bounfour 1995, S.73/74. Boualit, die den Beginn autobiografischen Schreibens im Maghreb ebenfalls im Kontext der Entstehung der frankophonen Literatur festmacht, argumentiert dahingehend, dass mit der *littérature de témoignage*, für die exemplarisch etwa Mouloud Feraoun mit *Le Fils du pauvre* sowie Albert Memmi mit *La Statue du sel* stehen, stets antikoloniale oder nationalistische Forderungen einhergehen, vgl. Boualit 2004, S.340.

[309] Bounfour 1995, S.78.

[310] Als wegweisend hat sich in diesem Zusammenhang der Ansatz Bhabhas gezeigt, vgl. u. a. Bhabha 1995a und b, dessen Ideen auch Gronemann ihren Untersuchung zugrunde legt, vgl. Gronemann 2006, S.104/105 sowie Gronemann, Claudia und Susanne Gehrmann: Les enJEux de l'autobiographie dans les littératures de langue française: du genre à l'espace – l'autobiographie postcoloniale – l'hybridité. In: Gronemann, Claudia und Susanne Gehrmann (Hg.): Les enJEux de l'autobiographie dans les littératures de langue française. Paris: l'Harmattan 2006, S.9-21.

[311] Neben Gronemann, die sich speziell mit dem autobiografischen Ansatz Djebars auseinandersetzt, betonen auch andere Studien die Notwendigkeit, traditionelle Konzepte der Autobiografie kritisch zu überdenken, so etwa Smith und Watson, vgl. Watson, Julia und Sidonie Smith: De/colonization and the politics of discourse in women's autobiographical practices. In: Smith, Sidonie und Julia Watson (Hg.): De/colonizing the subject. The politics of gender in women's autobiography. Minneapolis: University of Minnesota Press 1992, S.xiii-xxxi.

[312] Gronemann 2006, S.107.

über hinaus auch einerseits das die maghrebinische Kultur kennzeichnende Gebot, das Individuum nicht in den Vordergrund zu stellen und schließe in seine Darstellung des Einzelnen die der europäischen Autobiografie fremden Komponenten der „tradition orale" und der „mémoire ancestrale"[313] ein. Andererseits sehe sich die postkoloniale maghrebinische Autobiografie der Problematik des Festhaltens der eigenen Biografie in der Nichtmuttersprache gegenüber: So erweise sich das Französische zwar gerade im Hinblick auf die Transgression der „interdiction de donner une image de soi"[314] als hilfreich, führe jedoch gleichzeitig unweigerlich zu einer fiktionalen Repräsentation des Selbst, denn „le Je ne se constitue qu'à partir de ses représentations linguistiques et il n'existe pas comme unité hors discours."[315]

Elke Richter weist die von Forschern wie Bounfour vertretene Position, die aktuelle magrebinische Autobiografie sei ein importiertes Genre europäischen Ursprungs, als eurozentrisch zurück und geht von der Autobiografie als anthropologischer Konstante aus.[316] Sie argumentiert für eine konzeptuelle Öffnung des Autobiografieverständisses, anstatt Texte wie Djebars *Quatuor* als defizitäre Form der europäischen Autobiografie anzusehen:

> „Die Konzeption postkolonialer autobiographischer Texte muss daher in eine andere Richtung gehen. Anstatt zu spezifizieren, geht es darum zu generalisieren: Ein Autobiographieverständnis postkolonialen Zuschnitts öffnet das Feld und erkennt die literarische Selbstdarstellung als anthropologische Konstante an. Mit Blick auf die Textsorte ergibt sich daraus weniger Dissemination in Subgattungen als Zusammenführung, das heißt die Rubrizierung autobiographischer Texte zu einer Textsorte, die ich hier *Autobiographik* nennen möchte. Sie steht für den Akt der Darstellung des Selbst – gleich in welchem kulturellen oder historischen Kontext dies geschieht."[317]

Wie auch Gronemann hält Richter eine Transzendieren der „Opposition zwischen historiographischem und fiktionalem Diskurs"[318] sowie die Bedeutung des Kollek-

---

[313] Gronemann 2006, S.108.

[314] Gronemann 2006, S.109.

[315] Gronemann 2006, S.112. Den fiktionalen Charakter der Autobiografie in der Nichtmuttersprache konstatiert auch Djebar: „L'autobiographie pratiquée dans la langue adverse se tisse comme fiction [...]" (AF, 302), vgl. ebenso Djebar 1997, S.23.

[316] Vgl Richter 2008, S.62. Dass eine Autobiografie nicht zwingend eine schriftliche Form annehmen muss, konstatiert Susanne Gehrmann im Hinblick auf eine afrikanische Autobiographik. Wie auch Richter kritisiert sie eurozentrische Perspektive „traditionelle[r] literaturwissenschaftliche[r] Forschungen" (S.5) und verweist zugleich auf die kollektive Komponente afrikanischer Autobiographik, vgl. Gehrmann, Susanne: Vom Entwerfen des Ich im Erinnern des Wir? Überlegungen zur Autobiographik in Afrika (= Antrittsvorlesung an der Philosophischen Fakultät III der Humboldt Universität zu Berlin am 21. April 2004). Humboldt Universität zu Berlin 2005. Ebenso

[317] Richter 2008, S.73, Hervorhebung im Original.

[318] Richter 2008, S.74.

tivs für Djebars autobiografisches Schreiben fest. Das *Quatuor algérien* reiht sich so in eine postkoloniale Konzeption von Autobiografie ein, für die der Lejeunesche autobiografische Pakt seine Relevanz verloren hat:

> „Der autobiographische Pakt des *Algerischen Quartetts* ist als Lektürevertrag zu charakterisieren, der, so soll hier in einem ersten Schritt gezeigt werden, nicht über die individuelle Person der Autorin, sondern über den Rückgriff auf das Kollektiv ihrer Familie zustande kommt. Assia Djebar offenbart dem Leser ihrer Identität weder in L'Amour, la fantasia noch in Ombre sultane oder Vaste est la prison über ihren individuellen Namen; dafür erwähnt sie an verschiedenen Stellen der texte den Namen des Stammes (bzw. der Familie) ihrer Mutter oder nennt die Namen einzelner Familienmitglieder."[319]

Ihr Schreiben in der Sprache des ehemaligen Kolonisators ermöglicht Djebar den notwendigen Abstand zur sakralen Sprache des Korans und erlaubt ihr, das Verbot des Schreibens über die eigene Person[320] zu umgehen. Zugleich initiiert Djebar in den ersten drei Teilen ihres *Quatuor*, in besonderem Maße jedoch in *L'Amour, la fantasia*, eine profunde Auseinandersetzung mit der Problematik des Schreibens auf Französisch im Allgemeinen und des autobiografischen Schreibens im Besonderen.[321] Auch treten die polyphonen Komponenten der „tradition orale" und der „mémoire ancestrale" in Form zahlreicher weiblicher Stimmen auf den Plan, die vermittels der „Voix" ebenso in *L'Amour, la fantasia*, wie auch in *Ombre Sultane* – dies insbesondere in den Kindheits- und Jugenderinnerungen Ismas und Hajilas – und *Vaste est la prison* in Erscheinung treten.[322]

Fiktion schließlich liegt Djebars *Quatuor* allein schon durch die metaphorische Verbindung des autobiografischen Unterfangens mit dem Schleier zugrunde: „Croyant ‚me parcourir', je ne fais que choisir un autre voile. Voulant, à chaque pas, parvenir à la transparence, je m'engloutis davantage dans l'anonymat des aïeules" (AF, 302). Überdies lässt sich auch nicht feststellen, inwiefern die von der Autorin in ihren drei Romanen dargestellten Situationen und Ereignisse tatsächlich

---

[319] Richter 2008, S.104.

[320] Im Falle Djebars, die als Frau traditionellerweise dem Harem zugehörig sein sollte, bedeutet dies eine doppelte Transgression: Die des Schreibens an sich sowie die des Thematisierens der eigenen Biografie.

[321] Vgl. dazu auch Kap.3.3.

[322] Gerade aufgrund dieser Polyphonie sieht Regaïeg Djebars autobiografisches Unterfangens als gescheitert an, weil sie einer „impossibilité de se dire" gleichkomme, vgl. Regaïeg, Najiba: Vaste est la prison d'Assia Djebar ou l'autobiographie impossible. In: Gronemann, Claudia und Susanne Gehrmann (Hg.): Les enJEux de l'autobiographie dans les littératures de langue française. Paris: l'Harmattan 2006, S.276.

ihrer Biografie entstammen oder demgegenüber fiktionaler Provenienz sind. So erscheinen freilich die biografischen Details, die Djebar in Bezug auf ihre Erzählerin Isma, der Figur, die mit der Autorin zu identifizieren ist, sich innerhalb von *Vaste est la prison* schlüssig zu einer Lebensgeschichte zusammenzufügen. Fernerhin erweisen sich biografische Informationen, mit denen Djebar sowohl die anonym verbleibende Erzählerin aus *L'Amour, la fantasia* wie auch die beiderseits als Isma bezeichneten Erzählerinnen in *Ombre Sultane* und *Vaste est la prison* ausstattet, oftmals als übereinstimmend, sodass auf eine Identität der Figuren geschlossen werden könnte. Während Isma aus *Ombre Sultane* und Isma aus *Vaste est la prison* der gewalttätige Episode um den Ehemann vereint (VP, 84/85; OS, 128ff.), beschäftigen die Erzählerinnen aus *L'Amour, la fantasia* und *Vaste est la prison* gleichermaßen die Alltagsflucht der Großmutter in Trancen (AF, 205ff.; VP, 233 und 303). Wenn sich darüber hinaus Isma in *Vaste est la prison* den Beginn ihrer Schulzeit ins Gedächtnis ruft (VP, 266/267), so überschneiden sich diese Erinnerungen mit dem in *L'Amour, la fantasia* geschilderten Tag, an dem der Vater die Erzählerin erstmals zur Schule bringt (AF, 11ff.).

Schließlich lassen sich vor allem in Bezug auf ihr kreatives Schaffen in Djebars *Quatuor* ohne Schwierigkeit auch Details der Biografie der Autorin erkennen: So verweisen etwa die *Femme arable*-Kapitel in *Vaste est la prison* auf ihren Film *La Nouba des femmes du Mont Chenoua*, für den Djebar Recherchen unter den Frauen aus ihrer Heimat unternommen und an dessen Ausgangspunkt die Überlegung gestanden hatte, wie es wohl möglich sei, die verborgene orale Kultur der algerischen Frauen in authentischer Weise zu medialisieren.

Der von Chikhi solchermaßen bezeichnete „discours-parcours autobiographique" ist auch in *Vaste est la prison*, Djebars „roman [...] le plus autobiographique"[323] präsent. Er tritt einerseits in Elementen von Ismas Biografie auf, von denen größtenteils nicht exakt zu ergründen ist, ob sie der Fiktion zugehörig oder als Fakten der tatsächlichen Biografie Assia Djebars entsprungen sind. Obgleich sich aus der Verquickung solcher autobiografischer Momente eine konsistente Biografie der Figur Isma konstruieren lässt, erlaubt dies nur bedingt Rückschlüsse auf eine Kohärenz mit dem Leben der Autorin, denn auch die Zusammensetzung autobiografischer Fakten kann willkürlich erfolgt sein. Andererseits integriert der autobiografische Diskurs in *Vaste est la prison* mit Ismas Genealogie auch die Komponente der kollektiven Autobiografie, für die eine klare Trennlinie zwischen Realität und Fiktion ebenso wenig gezogen werden kann wie für ihre Biografie. Die Hybridität, die

---

[323] Djebar, Assia: L'écriture de l'expatriation. In: Djebar, Assia: Ces voix qui m'assiègent ...en marge de ma francophonie. Paris: Albin Michel 1999h, S.207. Zum autobiografischen Hintergrund von *Vaste est la prison* siehe auch Djebar 1997, S.31.

auf der inhaltlichen Ebene des Romans die Figur Isma auszeichnet und dieser ihren Platz sowohl zwischen Orient und Okzident, als auch zwischen Männer- und Frauenwelt zuweist, findet sich somit auch auf formaler Ebene wieder. Konstituiert sich die Figur der Erzählerin auf einem Verschmelzen von Fakt und Fiktion, so positioniert sich gleichermaßen Djebars autobiografisches Unternehmen infolge des Alternierens individueller und kollektiver Momente zwischen Orient und Okzident.

6 Weibliche Solidarität und Hybridität als Konstanten von Assia Djebars Schreiben

Im Zentrum von Assia Djebars literarischem Werk stehen traditionelle ebenso wie „moderne" algerische Frauen, die Repräsentation ihres Alltags, ihrer Traditionen, ihrer Kommunikation sowie schließlich der Platz, den Frauen in der Geschichte einnehmen. Diese Thematik legt nahe, sie als feministische Autorin zu betrachten.

Indes wurde gezeigt, dass Djebars Positionen sich weder denjenigen eines europäischen, noch denen eines arabischen Feminismus zuordnen lassen. Scheint sie sich, geschuldet der Betonung von Individualität, die dem okzidentalen Feminismus inhärent ist, einerseits und der wichtigen Rolle, die das weibliche Kollektiv in ihren Werken spielt und auf das der arabische Feminismus seine Betonung legt, andererseits in der Mitte dieser beider Ansätze zu situieren, so steht dem Djebars grundsätzliches Verwahren gegen ideologische Vereinnahmungen gegenüber. So legt die Autorin ihren Romanen und Novellen vielmehr ihr eigenes Verständnis von Feminismus zugrunde. Dieses kennzeichnet insbesondere die Ablehnung jeglicher Art von Paternalismen – seien diese kolonial, europäisch oder in der patriarchalischen Gesellschaftsordnung Algeriens begründet, was sich auch zentral für Djebars Verständnis von Solidarität erweist. Für Solidarität plädiert die Autorin nicht nur allgemein im weiblichen Umgang, sondern in ihr sieht sie darüber hinaus die Pflicht der wenigen aufgrund ihrer Bildung privilegierten arabischen Frauen, zu denen auch sie selbst zählt, dafür zu sorgen, dass ihre weniger privilegierten Schwestern zu Wort kommen. In ihrer *Préface* zu *Femmes d'Alger dans leur appartement*, gleichsam einer Theoretisierung dieses Ansatzes (FA, 7ff.), gelangt die Autorin zu dem Schluss, das essentielle Moment weiblicher Solidarität manifestiere sich darin, weder *für* noch *über* andere Frauen zu sprechen, sondern diesen lediglich die eigene Stimme zu leihen, um sie auf diese Weise *für sich selbst* sprechen zu lassen (FA ,9, Hervorhebung DH).

Dieser Ansatz von Solidarität als kollektiver Komponente von Djebars Feminismus kennzeichnet nachfolgend ihr literarisches Schaffen und liegt auch ihrer Repräsentation der traditionellen algerischen Frauen im *Quatuor algérien* zugrunde. Weder für noch gegen den Harem und die zu seinem Erhalt beitragenden Traditionen argumentierend, sucht Djebar vor allem das Leben der Frauen innerhalb seiner Mauern nachzuzeichnen. Wider den Eindruck, den eine okzidentale Außenperspektive zu vermitteln vermag, zeigt sich dieser im *Quatuor algérien* nicht in erster Linie als Ort weiblichen Unglücks. Freilich bleiben auch seine negativen Aspekte nicht verborgen. Insbesondere *Ombre Sultane* macht auf den angesichts mühseliger Arbeit und fortwährender Schwangerschaften beschwerlichen Alltag der Frauen aufmerksam. In diesem Zusammenhang veranschaulicht speziell die Figur Hajilas die Unerträglichkeit der auf die vier Mauern eines Hauses beschränkten Bewegungsfreiheit sowie die Problematik häuslicher Gewalt in einer Gesellschaft, die Frauen das Recht auf Selbstbestimmung aberkennt. Darüber hinaus präsentiert sich der Harem jedoch auch als ein Ort, an dem sich weibliche Traditionen und weibliche Sprache ungestört entfalten. Denn entgegen der Annahme, das traditionelle Schweigen der Frauen in der Öffentlichkeit komme ihrem generellen Schweigen gleich, verfügen diese über differenzierte Artikulationsmöglichkeiten. Der Harem repräsentiert in Djebars *Quatuor algérien*, da ihm Männer aufgrund der Geschlechtertrennung die meiste Zeit ebenso absent bleiben wie die Frauen der Öffentlichkeit, daher eine essentielle Stätte weiblicher Kommunikation und Artikulation. Ungestörten verbalen Austausch erlaubt neben dem Harem und gleichsam als dessen Erweiterung auch der *Hammam*, der in Djebars gesamtem literarischem Werk den Ort weiblicher Kommunikation *par excellence* darstellt. In *Vaste est la prison* steht diese Funktion des *Hammam* im Vordergrund, wohingegen sich in *Ombre Sultane* ein offensichtlich solidarisches Moment hinzugesellt, da im *Hammam* die Mitehefrauen Hajila und Isma zu Verbündeten werden. Orte weiblicher Begegnung, an denen sich die Gelegenheit zum verbalen Austausch bietet, sind im *Quatuor algérien* darüber hinaus die zu verschiedenen Anlässen begangenen Feierlichkeiten wie Hochzeiten oder Trauerzeremonien, die die Frauen einer Familie sowie ihre Freundinnen und Nachbarinnen vereinen. In diesem Kontext spielt neben verbalem Austausch die gleichfalls dem weiblichen Idiom zugehörige non- und extraverbale Kommunikation eine Rolle. In *Vaste est la prison* tritt diese neben dem gemeinsamen Wehklagen der Frauen und den damit verbundenen, sich als ritualisierte Kommunikation in der Mitte zwischen verbaler und nonverbaler Kommunikation ansiedelnden weiblichen Gesängen vor allem in Form von Tanz zutage. Dieser dient zwar primär dem Vergnügen, überdies finden im Tanz jedoch auch die nicht verbalisierten Frustrationen sowie das unerfüllt bleibende Bedürfnis der Frauen nach Freiheit Ausdruck. Einen explizit kathartischen Zweck verfolgt dagegen das in *L'Amour, la fantasia* beschriebene ekstatische Tanzen der Großmutter, die sich dadurch in regelmäßigen Abständen willentlich in Trance versetzt, um dem Sorgen des Alltags kurzzeitig zu entfliehen.

Als individueller Gegenentwurf zu den traditionellen Frauen positioniert sich in *Vaste est la prison* die Erzählerin Isma, die außerhalb des Kollektivs steht, weil sie den Harem dank ihrer Bildung hinter sich gelassen hat. Bildung erlaubt Isma nicht nur ein Mehr an räumlichen Freiheiten, sondern eröffnet ihr auch weitreichende Möglichkeiten der Kommunikation außerhalb des Harems. Nichtsdestotrotz hat sie gleich den traditionellen Frauen den Tanz als weibliches Artikulationsmittel beibehalten, dem in ihrem Fall ihm jedoch keine kathartische Funktion zukommt, sondern der vielmehr dem Ausdruck ihrer Individualität und Lebensfreude dient. Sowohl Ismas besonderer Tanzstil als auch die ihrer Absenz aus dem Harem geschuldete partielle Unkenntnis des weiblichen Idioms, die der Besuch im *Hammam* verdeutlicht, charakterisieren den Verlust traditioneller Kommunikationsstrukturen. Isma bleibt zwar aufgrund ihrer Bildung ein Leben hinter Mauern erspart, zugleich erscheint sie jedoch den traditionellen Frauen als eine Fremde. Gleichwohl sie ihre Freiheiten begrüßt, empfindet Isma ihren Ausschluss aus dem Harem und dessen Solidarität als schmerzlich und sucht, um diesen Verlust zu kompensieren, sich in ein anderes Kollektiv einzugliedern, das sie in der Genealogie der „fugitives" findet. Bezüglich ihrer intellektuellen Tätigkeit, des Schreibens, lässt sich die Tradition der „fugitives" weit zurück in die Vergangenheit bis zur Prinzessin Tin Hinan verfolgen. Hinsichtlich weiterer sozialer Transgressionen findet Isma mit ihrer Mutter und Großmutter den Anknüpfungspunkt an das Kollektiv unmittelbar in ihrer Familie. Insbesondere diese zweite Linie der Genealogie der „fugitives" verweist darauf, dass eine strikte Trennung zwischen traditionell und „modern" nicht vorgenommen werden kann, weil sowohl innerhalb des Harems Individualität existiert, als auch außerhalb das Bedürfnis nach Kollektiv besteht.

In Verbindung mit Assia Djebars Repräsentation weiblicher Traditionen und Kommunikationsstrukturen in ihrem Werk steht auch die Frage nach der Präsenz von Frauen in der Geschichte. Ausgehend von der Untersuchung von Djebars Werk auf postkoloniale Komponenten wurde am Beispiel des Romans *L'Amour, la fantasia* gezeigt, dass Djebars Historiografie eine postkoloniale ist, weil sie auf die grundsätzliche Illusion eines historiografischen Objektivitätspostulats aufmerksam macht. Einer offiziellen Historiografic, die neben der Vernachlässigung der Perspektive der Kolonisierten im algerischen Kontext zumeist auch eine Missachtung weiblichen Beitragens zur Geschichte kennzeichnet, setzt die Autorin daher ihre eigene Version von Geschichte entgegen, die von vornherein keinen Anspruch auf Objektivität hegt, weil sie sich auf der Basis von Fiktion und subjektivem Erleben konstituiert. Es wurde deutlich, dass Djebar die in *L'Amour, la fantasia* begonnene Subversion offizieller Geschichtsschreibung mit *Vaste est la prison* fortsetzt. Analog zu den in *L'Amour, la fantasia* präsenten historischen Diskursen der Historie, der sich auf einer individuellen Ebene ansiedelnden weiblichen Geschichte und der Autobiografie manifestieren diese sich ebenfalls in *Vaste est la prison*. Auf der Ebene der in einem weiteren Kontext relevanten Geschichte vollzieht *Vaste est la prison* zunächst das Wiederauffinden des verloren geglaubten Berberalphabets nach und erläutert zugleich die Umstände seines Verlusts: Individuelle weibliche Geschichte tritt in Form der Biografien von Mutter und Großmutter der Erzählerin auf den Plan. Der autobiografische Diskurs findet schließlich in derselben Weise wie in *L'Amour, la fantasia* auf der Ebene der Biografie der Erzählerin als Autobiografie Djebars Eingang in den Roman.

In *Vaste est la prison* unternimmt Djebar Subversion auf der Ebene der Historie in dreierlei Hinsicht: Eine explizite Subversion historischen Materials erfolgt dabei auf der Basis der mittels Zitaten in den Text einfließenden europäischen Reiseberichte des 19. Jahrhunderts, die entgegen ihrem wissenschaftlichen Anspruch von der imperialistischen Gesinnung ihrer Verfasser zeugen. Djebar untersucht ihre Texte auf Brüche, in denen sich ihr imperialistisches Gedankengut manifestiert, und verdeutlicht dies einerseits mittels Ironisierung, während sie andererseits die Aufmerksamkeit auf die absurde Gleichgültigkeit lenkt, die die archäologisch interessierten Reisenden angesichts der Grausamkeiten der sich parallel vollziehenden Kolonisierung Algeriens an den Tag legen. Verbunden mit der expliziten ereignet sich auch Subversion auf einer impliziten Ebene: dabei dekonstruiert Djebar den offiziellen algerischen Geschichtsdiskurs nicht anhand der Aufarbeitung von Quellen, sondern betont mit dem Berberalphabet, der Episode um die Zerstörung Karthagos sowie auch der Selbstverständlichkeit, mit der die Numider sich mehrerer Idiome bedienten, den Multilinguismus und die unterschiedlichen kulturellen Einflüsse, die der algerischen Kultur zugrunde liegen und die die offizielle Kulturpolitik zu leugnen sucht. Die in Djebars Werk zentrale Thematik der Repräsentation der Frau bleibt auch hinsichtlich des in *Vaste est la prison* präsenten historischen Diskurses nicht außen vor: So ergänzt sie die im Roman aufgearbeitete Geschichte um das Wiederauffinden des *Tifinagh*, um ein weibliches Beitragen, das auf den Ursprung seines Verschwindens verweist. Da die Biografie der Prinzessin Tin Hinan nicht historisch belegt, wohl aber in der *Memoria* der Tourag präsent ist, greift Djebar hinsichtlich dieser dritten Subversion auf fiktionale Elemente zurück.

Die weiblichen Geschichten, die Djebar mittels ihrer Erzählerin in *Vaste est la prison* aufarbeitet, siedeln sich im Gegensatz zu den in *L'Amour, la fantasia* präsenten weiblichen Kriegsberichten nicht auf der Ebene der Historie an. Als Biografien von Privatpersonen sind sie relevant im Hinblick auf die Genealogie der „fugitives", in die sich die Erzählerin einzuordnen anstrebt. Dass es die in diesen Biografien vorhandenen geografischen wie sozialen Transgressionen sind, die die Erzählerin in ihrer Aufarbeitung hervorhebt, markiert ihre Suche nach Parallelen zwischen dem Leben dieser Frauen und ihrer eigenen Biografie, die notwendig ihrer Einordnung in die Genealogie der „fugitives" vorausgehen.

Im Hinblick auf den autobiografischen Diskurs in *Vaste est la prison* konnte gezeigt werden, dass die Biografie der Erzählerin sich im Roman als verbindendes
Element manifestiert. Sie lässt sich schlüssig zusammensetzen; darüber hinaus lassen sich Entsprechungen zwischen Isma und den Erzählerinnen aus *L'Amour, la
fantasia* und *Ombre Sultane* feststellen. Gleichwohl der Leser angesichts der Über-
einstimmungen, die Djebars Biografie mit der ihrer jeweiligen Erzählerin aufweist,
die Erzählerin mit der Autorin gleichsetzen könnte, lässt dies Djebars postkoloniales Verständnis von Autobiografie nicht unbedingt zu. Analog ihres Verständnisses
von Historiografie, für die sie das Objektivitätspostulat negiert und sich, wo dies
erforderlich erscheint, stattdessen der Fiktion bedient, liegt auch ihrer Autobiografie kein Authentizitätspostulat zugrunde.

Infolge der Verortung von Assia Djebars literarischem Werk im Kontext einer
postkolonialen Literatur konnte festgestellt werden, dass Hybridität eine der Konstanten ihres Schreibens darstellt. Diese spiegelt sich insbesondere in den Romanen
Vaste est la prison und *L'Amour, la fantasia* sowohl auf formaler als auch auf inhaltlicher Ebene wider. In formaler Hinsicht offenbart sich die Hybridität bereits an
der Wahl der Gattung. Anhand von *Vaste est la prison* wurde dargelegt, dass die
Autorin ihren Text als Roman bezeichnet, dieser sich jedoch aus dem Zusammen-
wirken unterschiedlicher Genres konstituiert. Hybrid zeigt sich *Vaste est la prison*
darüber hinaus auch hinsichtlich seiner Struktur, da die einzelnen Teile des Romans auf den ersten Blick in keinem erkennbaren Zusammenhang zueinander stehen. Hybrid ist der Roman auch in sprachlicher Hinsicht: So präsentiert die Autorin
ihren Text zwar in französischer Sprache, mittels der Strategien von „glossing" und
„interlanguage" dezentriert sie diese jedoch dahingehend, dass Strukturen ihrer
arabischen Muttersprache sich im französischen Text finden und durch ihn hin-
durchscheinen. Die auf formaler Ebene offensichtliche Hybridität findet auf inhaltlicher Ebene ihre Fortsetzung: Sie charakterisiert zunächst Djebars Verständnis von
Historiografie. Wie an *L'Amour, la fantasia* exemplarisch nachvollzogen wurde,
verwirft Djebar ein historiografisches Objektivitätspostulat und bedient sich für die
eigene Geschichtsschreibung eines Zusammenspiels von Fakt und Fiktion, das
auch für ihr autobiografisches Schreiben auszumachen ist. Wie Djebar die Biografie ihrer Erzählerin in *Vaste est la prison* aus dem Hybrid realer und fiktionaler
Momente konstruiert, so ist schließlich auch die Figur dieser Erzählerin selbst hybrid. Sie positioniert sich durch ihre Androgynität nicht nur zwischen Männer- und
Frauenwelt, sondern oszilliert auch beständig zwischen den Polen Orient und Okzident, dem Bedürfnis nach Freiheit und Individualität und dem Wunsch, sich in
ein weibliches Kollektiv einzufügen. Dadurch, dass sie dieses schließlich in der
Genealogie der „fugitives" findet, entscheidet sie sich wieder weder für die eine,

noch für die andere Seite, vielmehr erlaubt es ihr diese Tradition in ihrer hybriden Position zu verharren.

Die vorliegende Arbeit hat sich auf eine Untersuchung der Repräsentation algerischer Frauen in Assia Djebars *Quatuor algérien* im Sinne der ihnen zur Verfügung stehenden Artikulationsmittel sowie auf ein Beleuchten des Geschichtsverständnisses der Autorin in ihrem Roman *Vaste est la prison* dahingehend konzentriert, dass es der Frau einen Platz in der Geschichte zu verschaffen sucht. Darüber hinaus hat sie anhand des Romans *Vaste est la prison* versucht aufzuzeigen, auf welchen unterschiedlichen Ebenen die charakteristisch für Djebars postkoloniales Werk stehende Hybridität zutage tritt. In diesem Zusammenhang hätte es sich auch als interessant erwiesen, die postkoloniale Komponente an Djebars Werk auch anhand des Aspekts der Intertextualität im Sinne der Bedeutung der ihren Romanteilen zumeist vorangestellten Zitaten und Aphorismen zu untersuchen. Dies hat der Rahmen der vorliegenden Arbeit nicht erlaubt. Eine ausführliche Betrachtung mit dem in Hinblick auf die Umstände weiblichen Schreibens in Algerien in *Vaste est la prison* essentiellen Moment der Genealogie der „fugitives" konnte ebenfalls nicht unternommen werden. Als grundlegend in diese Richtung der Analyse könnte sich jedoch eine stärkere Fokussierung auf die Gestalt der Zoraida und ihres Schriftverlustes als Konsequenz ihrer physischen Freiheit erweisen. Ebenso zentral für eine Auseinandersetzung mit der Situation des Schriftstellers ist in *Vaste est la prison* jedoch auch der Chronist und Sklave Polybios. An seiner Figur könnte erörtert werden, inwieweit sich die Genealogie der schreibenden „fugitives" sich auch an schreibenden Männern zurückverfolgen ließe. Im Zusammenhang mit dem weiblichen Blick, der insbesondere im Zusammenhang mit dem in *Un silencieux désir* dokumentierten Drehtagebuch und der Gleichsetzung der Kamera mit dem Auge einer verschleierten Frau von Bedeutung erscheint, musste eine weitere zentrale Thematik in Djebars Werk außen vor bleiben.

7 Literaturverzeichnis

7.1 Texte von Assia Djebar

Djebar, Assia: Anamnèse…In: Djebar, Assia: *Ces voix qui m'assiègent …en marge de ma francophonie*. Paris: Albin Michel 1999a, S.138-150.

Djebar, Assia: Die geheime Sprache der algerischen Frauen. In: *Literaturen* 10 (2000a), S.40-44.

Djebar, Assia: *Die Ungeduldigen*. Roman. München: Heine 1990.

Djebar, Assia: Discussions. In: Hornung, Alfred und Ernstpeter Ruhe (Hg.): *Postcolonialisme & autobiographie. Albert Memmi, Assia Djebar, Daniel Maximin*. Amsterdam, Atlanta: Rodopi 1998, S.179-193.

Djebar, Assia: Du français comme butin. In: Djebar, Assia: *Ces voix qui m'assiègent…en marge de ma francophonie*. Paris: Albin Michel 1999b, S.69-71.

Djebar, Assia: D'un silence l'autre. In: Djebar, Assia: *Ces voix qui m'assiègent…en marge de ma francophonie*. Paris: Albin Michel 1999c, S.116-128.

Djebar, Assia: Ecrire dans la langue de l'autre. In: Djebar, Assia: *Ces voix qui m'assiègent…en marge de ma francophonie*. Paris: Albin Michel 1999d, S.41-50.

Djebar, Assia: Ecrivain/Ecrivaine. In: Djebar, Assia: *Ces voix qui m'assiègent…en marge de ma francophonie*. Paris: Albin Michel 1999e, S.61-68.

Djebar, Assia: Entre parole et écriture. In: Djebar, Assia: *Ces voix qui m'assiègent…en marge de ma francophonie*. Paris: Albin Michel 1999f, S.72-77.

Djebar, Assia: *Femmes d'Alger dans leur appartement*. Nouvelles. Paris: Albin Michel, Livre de Poche 2002.

Djebar, Assia: Idiome de l'exile et langue d'irréductibilité (= Dankesrede anlässlich der Entgegennahme des Friedenspreises des Deutschen Buchhandels in der Frankfurter Paulskirche am 11. Oktober 2000). In: Ruhe, Ernstpeter (Hrsg.): *Assia Djebar*. Würzburg: Königshausen & Neumann 2001, S.9-18.

Djebar, Assia: *L'Amour, la fantasia*. Roman. Paris: Albin Michel, Livre de Poche 2003.

Djebar, Assia: L'écrit des femmes en littérature maghrébine. In: Djebar, Assia: *Ces voix qui m'assiègent...en marge de ma francophonie*. Paris: Albin Michel 1999g, S.88-94.

Djebar, Assia: L'écriture de l'expatriation. In: Djebar, Assia: *Ces voix qui m'assiègent...en marge de ma francophonie*. Paris: Albin Michel 1999h, S.203-216.

Djebar, Assia: L'enjeu de mon silence. In: Djebar, Assia: *Ces voix qui m'assiègent...en marge de ma francophonie*. Paris: Albin Michel 1999i, S.35-40.

Djebar, Assia: L'entre-deux-langues et l'alphabet perdu. In: Djebar, Assia: *Ces voix qui m'assiègent...en marge de ma francophonie*. Paris: Albin Michel 1999j, S.30-34.

Djebar, Assia: *Loin de Médine*. Roman. Paris: Albin Michel 1991.

Djebar, Assia: Le quatuor d'Alger, la tentation de l'autobiographie (= Assia Djebar à Cologne, juin 1988. Assia Djebar présente à Barbara Arnhold L'Amour, la fantasia et Ombre sultane). In: *CEM* 14 (2000b), S.35-38.

Djebar, Assia: Le romancier dans la cité arabe. In: Déjeux, Jean: *Assia Djebar. Romancière algérienne, cinéaste arabe*. Sherbrooke: Naaman 1984, S.102-106.

Djebar, Assia: *Ombre Sultane*. Roman. Paris: Albin Michel 2006.

Djebar, Assia: Pourquoi j'écris. In: Ruhe, Ernstpeter (Hrsg.): *Europas islamische Nachbarn Bd.1*. Würzburg: Königshausen & Neumann 1993, S.9-24.

Djebar, Assia: Territoires des langues. In: Gauvin, Lise (Hrsg.): *L'écrivain francophone à la croisée des langues. Entretiens*. Paris: Karthala 1997, S.17-34.

Djebar, Assia: *Vaste est la prison*. Roman. Paris: Albin Michel, Livre de Poche 2005.

Djebar, Assia: Violence de l'autobiographie. In: Hornung, Alfred und Ernstpeter Ruhe (Hg.): *Postcolonialisme & autobiographie. Albert Memmi, Assia Djebar, Daniel Maximin*. Amsterdam, Atlanta: Rodopi 1998, S.89-96.

7.2 Sekundärliteratur

Accad, Evelyne: Assia Djebar's contribution to Arab women's literature: rebellion, maturity, vision. In: *WLT* 70,4 (1996), S. 801-812.

Achour, Christiane: Femmes-écrivains d'Algérie. Corps, gestes, mémoires. In: Toso Rodinis, Giuliana (Hrsg.): *Le banquet maghrébin*. Rom: Bulzoni 1991, S.37-57.

Achour, Christiane: Weder Sultanin noch still. Schreibende Frauen aus dem Maghreb. In: Fock, Holger, Martin Lüdke und Delf Schmidt (Hg.): *Zwischen Fundamentalismus und Moderne. Literatur aus dem Maghreb*. Reinbek: Rowohlt 1994, S.46-55.

(Chaulet)-Achour, Christiane: Ecritures algériennes féminines entre urgence et création. In: *QVR* 11 (1998a), S.7-17.

(Chaulet)-Achour, Christiane: *Noûn. Algériennes dans l'écriture*. Biarritz: Atlantica 1998b.

Amrane, Djamila: *Les femmes algériennes dans la guerre*. Paris: Plon 1991.

Amrane-(Minne), Danièle (Djamila): Women and politics in Algeria from the war of independence to our day. In: *RAL* 30, 3 (1999), S.62-77.

Amuta, Chidi: Fanon, Cabral and Ngugi on national liberation: In: Ashcroft, Bill, Gareth Griffins und Helen Tiffin (Hg.): *The post-colonial studies reader. Theory and practice in post-colonial literatures.* London, New York: Routledge 1995, S.158-163.

Ashcroft, Bill, Gareth Griffins und Helen Tiffin: *The Empire writes back. Theory and practice in post-colonial literatures.* London, New York: Routledge ²2002.

Assmann, Jan: *Das kulturelle Gedächtnis. Schrift, Erinnerung und politische Identität in frühen Hochkulturen.* München: Beck 1999.

Bensmaïa, Reda: *La Nouba des femmes du mont Chenoua*: introduction à l'œuvre fragmentale cinématographique. In: Niang, Sada (Hrsg.): *Littérature et cinéma en Afrique francophone. Ousmane Sembène et Assia Djebar.* Paris: l'Harmattan 1996, S.161-177.

Bhabha, Homi K.: Introduction. Locations of culture. In: Bhabha, Homi K.: *The location of culture.* London, New York: Routledge 1995a, S.1-18.

Bhabha, Homi K.: The commitment to theory. In: Bhabha, Homi K.: *The location of culture.* London, New York: Routledge 1995b, S.19-39.

Bonn, Charles: La littérature algérienne de langue française. In: *Europe* 567/568 (1976), S.48-53.

Bonn, Charles: Le roman algérien au tournant du siècle: d'une dynamique de groupe émergent à une dissémination „postmoderne". In: Burtscher-Bechter, Beate und Birgit Mertz-Baumgartner (Hg.): *Subversion du réel. Stratégies esthétiques dans la littérature algérienne contemporaine.* Paris: l'Harmattan 2001, S.251-258.

Bonn, Charles: *Le roman algérien de langue française.* Paris: l'Harmattan 1985.

Boualit, Farida: La littérature algérienne des années 90: témoigner d'une tragédie? In: Bonn, Charles und Farida Boualit (Hg.): *Paysages littéraires algériens des années 90: témoigner d'une tragédie?* Paris: l'Harmattan 1999, S.25-40.

Boualit, Farida: *Le Blanc de l'Algérie* ou le miroir brisé de l'autobiographie. In: Bererhi, Afifa (Hrsg.): *L'autobiographie en situation d'interculturalité Bd.2.* Blida: Editions du Tell 2004, S.339-348.

Bouhdiba, Abdelwahab: *La sexualité en Islam.* Paris: PUF ²2004.

Bounfour, Abdallah: Autobiographie, genres et croisement des cultures. Le cas de la littérature francophone du Maghreb. In: Arnaud, Jacqueline (Hrsg.): *Littératures maghrébines Bd.1.* Paris: l'Harmattan 1990, S.85-90.

Bounfour, Abdallah: Forme littéraire et représentation de soi: l'autobiographie francophone du Maghreb et l'autobiographie arabe du début du siècle. In: Bonn, Charles und Arnold Rothe (Hg.): *Littérature maghrébine et littérature mondiale.* Würzburg: Königshausen & Neumann 1995, S.71-79.

Bourdieu, Pierre: *Sociologie de l'Algérie.* Paris: PUF 1963.

Brahimi, Denise: *L'Amour, la fantasia.* Une grammatologie maghrébine. In: Arnaud, Jacqueline (Hrsg.): *Littératures maghrébines Bd.2.* Paris: l'Harmattan 1990, S.119-124.

Burtscher-Bechter, Beate und Birgit Mertz-Baumgartner: Témoignage et/ou subversion: une relation paradoxale? In: Burtscher-Bechter, Beate und Birgit Mertz-Baumgartner (Hg.): *Subversion du réel. Stratégies esthétiques dans la littérature algérienne contemporaine.* Paris: l'Harmattan 2001, S.9-23.

Calle-Gruber, Mireille: *Assia Djebar ou la résistance de l'écriture. Regards d'un écrivain d'Algérie.* Paris: Maisonneuve & Larose 2001.

Calle-Gruber, Mireille: Pour une analytique de la globalisation – littératures de l'altérité: l'exemple d'Assia Djebar. In: Schmeling, Manfred, Monika Schmitz-Emans und Kerst Walstra (Hg.): *Literatur im Zeitalter der Globalisierung.* Würzburg: Königshausen & Neumann 2000, S.205-219.

Calle-Gruber, Mireille: Résistances de l'écriture ou l'ombilic de l'œuvre. A propos de *Vaste est la prison* d'Assia Djebar. In: Hornung, Alfred und Ernstpeter Ruhe (Hg.): *Postcolonialisme & autobiographie. Albert Memmi, Assia Djebar, Daniel Maximin.* Amsterdam, Atlanta: Rodopi 1998, S.137-148.

Chikhi, Beïda: Assia Djebar. Histoire et histoires. In: Chikhi, Beïda: *Littérature algérienne. Désir d'histoire et esthétique.* Paris: l'Harmattan 1997, S.133-177.

Chikhi, Beïda: *Les romans d'Assia Djebar.* Algier: Office des Publications universitaires 1990.

Cixous, Hélène: The laugh of the Medusa. In: *Signs* 1 (1975/1976), S.874-893.

Clerc, Jeanne-Marie: *Assia Djebar. Ecrire, transgresser, résister.* Paris: l'Harmattan 1997.

Cooke, Miriam: *Women claim Islam. Creating Islamic feminism through literature.* London, New York: Routledge 2001.

Crosta, Suzanne: Stratégies de subversion et de libération: l'inscription et les enjeux de l'auditif et du visuel chez Assia Djebar et Ousmane Sembène. In: Niang, Sada (Hrsg.): *Littérature et cinéma en Afrique francophone. Ousmane Sembène et Assia Djebar.* Paris: l'Harmattan 1996, S.49-81.

Déjeux, Jean: *Assia Djebar. Romancière algérienne, cinéaste arabe.* Sherbrooke: Naaman 1984.

Déjeux, Jean: La littérature féminine de langue française au Maghreb. In: Arnaud, Jacqueline (Hrsg.): *Littératures maghrébines Bd.1.* Paris: l'Harmattan 1990, S.145-153.

Déjeux, Jean: *La littérature féminine de langue française au Maghreb.* Paris: Karthala 1994.

Déjeux, Jean: *La littérature maghrébine d'expression française.* Paris: PUF 1992b.

Déjeux, Jean: Les romans en français au Maghreb. In: *LCLF* 17 (1992a), S.87-102.

Déjeux, Jean: *Littérature maghrébine de langue française. Introduction générale et auteurs.* Sherbrooke: Naaman ²1978.

De Toro, Alfonso: *Épistémologies 'Le Maghreb'. Hybridité – Transculturalité – Transmédialité- Transtextualité – Corps – Globalisation – Diasporisation.* Paris: l'Harmattan 2009.

Donadey, Anne: ,Elle a rallumé le vif du passé.' L'écriture-palimpseste d'Assia Djebar. In: Hornung, Alfred und Ernstpeter Ruhe (Hg.): *Postcolonialisme & autobiographie. Albert Memmi, Assia Djebar, Daniel Maximin.* Amsterdam, Atalanta: Rodopi 1998, S.101-115.

Donadey, Anne: Introjection and Incorporation in Assia Djebar's La Femme sans sépulture. In: *EC* 48, 4 (2008), S.81-91.

Donadey, Anne: *Recasting postcolonialism: women writing between worlds.* Portsmouth, New Hampshire: Heinemann 2001.

Donadey, Anne: Rekindling the vividness of the past. Assia Djebar's films and fiction. In: *WLT* 70, 4 (1996), S.885-892.

Donadey, Anne: The multilingual strategies of postcolonial literature: Assia Djebar's Algerian palimpsest. In: *WLT* 74,1 (2000), S.27-36.

Elia, Nada: *Trances, dances, and vociferations. Agency and resistance in Africana women's narratives.* New York, London: Garland 2001.

El Saadawi, Nawal: *The hidden face of Eve. Women in the Arab world.* London: Zed 1980.

Elsenhans, Hartmut: Algerien. In: Nohlen, Dieter und Franz Nuscheler (Hg.): *Handbuch der Dritten Welt. Bd. 6 Nordafrika und Naher Osten.* Bonn: J.H.W. Dietz ³1993, S.190-216.

Erickson, John: *Islam and postcolonial narrative.* Cambridge: Cambridge University Press 1998.

Fanon, Frantz: *Les damnés de la terre.* Paris: Maspero 1968.

Fanon, Frantz: *Sociologie d'une révolution. L'an V de la révolution algérienne.* Paris: Maspero 1968.

Faulkner, Rita A.: Assia Djebar, Frantz Fanon, women, veils, and land. In: *WLT* 70,4 (1996), S.847-855.

Gafaïti, Hafid: L'autobiographie plurielle. Assia Djebar, les femmes et l'histoire. In: Hornung, Alfred und Ernstpeter Ruhe (Hg.): *Postcolonialisme & autobiographie. Albert Memmi, Assia Djebar, Daniel Maximin.* Amsterdam, Atlanta: Rodopi 1998, S.149-159.

Gafaïti, Hafid: *La diasporisation de la littérature postcoloniale. Assia Djebar, Rachid Mimouni.* Paris: l'Harmattan 2005.

Gafaïti, Hafid: *Les femmes dans le roman algérien. Histoire, discours et texte.* Paris: l'Harmattan 1996.

Gafaïti, Hafid: The blood of writing. Assia Djebar's unveiling of women and history. In: *WLT* 70,4 (1996), S.813-822.

Gauvin, Lise: Ecrire/réécrire le/au féminin: notes sur une pratique. In: *EF* 40,1 (2004), S.11-28.

Gehrmann, Susanne: Vom Entwerfen des Ich im Erinnern des Wir? Überlegungen zur Autobiographik in Afrika (= Antrittsvorlesung an der Philosophischen Fakultät III der Humboldt Universität zu Berlin am 21. April 2004). Humboldt Universität zu Berlin 2005.

Goldmann, Lucien: Zur Soziologie des Romans. In: Hillebrand, Bruno (Hrsg.): *Zur Struktur des Romans.* Darmstadt: Wissenschaftliche Buchgesellschaft 1978, S. 221-237.

Gracki, Katherine: Writing violence and the violence of writing in Assia Djebar's *Algerian quartet.* In: *WLT* 70,4 (1996), S.835-843.

Grandguillaume, Gilbert: *Arabisation et politique linguistique au Maghreb.* Paris: Maisonneuve & Larose 1983.

Gronemann, Claudia und Susanne Gehrmann: Les enJEux de l'autobiographie dans les littératures de langue française: du genre à l'espace – l'autobiographie post-coloniale – l'hybridité. In: Gronemann, Claudia und Susanne Gehrmann (Hg.): *Les enJEux de l'autobiographie dans les littératures de langue française*. Paris: l'Harmattan 2006, S.9-21.

Gronemann, Claudia: „De l'écriture mise en espace. " La subversion du réel par une stratégie métahistorique et transmédiale dans l'œuvre cinématographique d'Assia Djebar. In: Burtscher-Bechter, Beate und Birgit Mertz-Baumgartner (Hg.): *Subversion du réel. Stratégies esthétiques dans la littérature algérienne contemporaine*. Paris: l'Harmattan 2001a, S.55-75.

Gronemann, Claudia: Autofiction – nouvelle autobiographie – double autobiographie – aventure du texte: conceptions postmodernes/postcoloniales de l'autobiographie dans les littératures française et maghrébine. In: Gronemann, Claudia und Susanne Gehrmann (Hg.): *Les enJEux de l'autobiographie dans les littératures de langue française*. Paris: l'Harmattan 2006, S.103-123.

Gronemann, Claudia: Die transmediale Strategie im filmischen Werk Assia Djebars. In: Ruhe, Ernstpeter (Hrsg.): *Assia Djebar*. Würzburg: Königshausen & Neumann 2001b, S.189-200.

Hiddleston, Jane: Feminism and the question of „woman" in Assia Djebar's *Vaste est la prison*. In: *RAL* 35, 4 (2004), S.91-104.

Hiddleston, Jane: Imprisonment, freedom, and literary opacity in the wotk of Nawal El Sadawi and Assia Djebar. In: *FT* 11, 2 (2010), S.171-187.

Hillebrand, Bruno: *Theorie des Romans. Bd.1 Von Heliodor bis Jean Paul*. München: Winkler 1972.

Holst Petersen, Kirsten: First things first. Problems of a feminist approach to African literature. In: Ashcroft, Bill, Gareth Griffins und Helen Tiffin (Hg.): *The post-colonial studies reader. Theory and practice in post-colonial literatures*. London, New York: Routledge 1995, S.251-254.

Huughe, Laurence: ‚Ecrire comme un voile': the problematics of the gaze in the work of Assia Djebar. In: *WLT* 70,4 (1996), S.867-876.

Keil, Regina: Das Paradies zu den Füßen der Mütter…? Über Literaturfrauen und Frauenliteratur im Maghreb. In: Dubost, Jean- Pierre (Hrsg.): *Passagers de l'Occident. Maghrebinische Literatur in französischer Sprache.* Freiburg: Beck & Glückler 1994, S.141-163.

Khatibi, Abdelkebir: *Le roman maghrébin.* Essai. Rabat: SMER 1979.

Knauss, Peter R.: *The persistence of patriarchy. Class, gender, and ideology in twentieth century Algeria.* London, New York, Westport: Praeger 1987.

Kopf, Martina: *Trauma und Literatur. Das Nicht-Erzählbare erzählen – Assia Djebar und Yvonne Vera.* Frankfurt a.m.: Brandes & Apsel [Diss.] 2005.

Kristeva, Julia: *Le texte du roman.* Den Haag, Paris, New York: Mouton Publishers 1970.

Kulessa, Rotraud von: Langue – corps – identité. L'écriture autobiographique dans l'œuvre d'Assia Djebar. In: Gronemann, Claudia und Susanne Gehrmann (Hg.): *Les enJEux de l'autobiographie dans les littératures de langue française.* Paris: l'Harmattan 2006, S.263-273.

Lazarus, Joyce: Writing as resistance: Assia Djebar's *Vaste est la prison.* In: *JIWS* 11 (2010), S.83-96.

Lazreg, Marnia: *The eloquence of silence. Algerian women in question.* London, New York: Routledge 1994.

Lejeune, Philippe: *Le pacte autobiographique.* Paris: Seuil 1975.

Marx-Scouras, Danielle: Muffled screams/stifled voices. In: *YFS* 82 (1993), S.172-182.

Memmi, Albert: *Portrait du colonisé précédé de portrait du colonisateur et d'une préface de Jean-Paul Sartre.* Paris: Gallimard 2001.

Merad, Ghani: *La littérature algérienne d'expression française. Approches socio-culturelles.* Paris: Oswald 1976.

Mernissi, Fatima: *Beyond the veil. Male-female dynamics in modern Muslim society.* Bloomington: Midland ²1987.

Mernissi, Fatima: *Die vergessene Macht. Frauen im Wandel der islamischen Welt.* Berlin: Orlanda Frauenverlag 1993.

Meyer, Bärbel: Analphabetentum und die Marginalisierung der Frau in Algerien. In: *ZfK* 40,1 (1990), S.63-68.

Minces, Juliette: Women in Algeria: In: Beck, Lois und Nikkie Keddie (Hg.): *Women in the Muslim world.* Cambridge, Mass.: Harvard University Press 1978, S.159-171.

Moatassime, Ahmed: *Arabisation et langue française au Maghreb.* Paris: PUF 1992.

Mohanty, Chandra Talpade: *Feminism without borders. Decolonizing theory, practicing solidarity.* London, Durham: Duke University Press 2003.

Moi, Toril: *Sexual/textual politics. Feminist literary theory.* London, New York: Methuen 1985.

Mortimer, Mildred: Assia Djebar's *Algerian Quartet*: a study in fragmented autobiography. In: *RAL* 28, 2 (1997), S.102-117.

Mortimer, Mildred: Edward Said and Assia Djebar: a contrapuntal reading. In: *RAL* 36,3 (2005), S.53-67.

Mortimer, Mildred: Reappropiating the gaze in Assia Djebar's fiction and film. In: *WLT* 70,4 (1996), S. 859-867.

M'Rabet, Fadela: *La femme algérienne suivi de Les Algériennes.* Paris: Maspero 1969.

Murdoch, H. Adlai: Rewriting writing: Identity, exile and renewal in Assia Djebar's *L'Amour, la fantasia.* In: *YFS* 83.2 (1993), S.71-92.

Nagy-Zekmi, Silvia: Tradition and transgression in the novels of Assia Djebar and Aïcha Lemsine. In: *RAL* 33.3 (2002), S.1-13.

Ndiaye, Christiane: Récits des origines chez quelques écrivaines de la francophonie. In: *EF* 40, 1 (2004), S. 43-62.

New, W.H.: New language, new world. In: Ashcroft, Bill, Gareth Griffins und Helen Tiffin (Hg.): *The post-colonial studies reader*. London, New York: Routledge 1995, S.303-308.

Ngugi Wa Thiong'o: The language of African literature. In: Ashcroft, Bill, Gareth Griffins und Helen Tiffin (Hg.): *The post-colonial studies reader*. London, New York: Routledge 1995, S.285-290.

Niang, Sada: Langues, cinéma et création littéraire chez Ousmane Sembène et Assia Djebar. In: Niang, Sada (Hrsg.): *Littérature et cinéma en Afrique francophone. Ousmane Sembène et Assia Djebar*. Paris: l'Harmattan 1996, S.98-109.

Regaïeg, Najiba: *Vaste est la prison* d'Assia Djebar ou l'autobiographie impossible. In: Gronemann, Claudia und Susanne Gehrmann (Hg.): *Les enJEux de l'autobiographie dans les littératures de langue française*. Paris: l'Harmattan 2006, S.275-286.

Rice, Alison: *Time Signatures. Contextualizing Contemporary Francophone Autobiographical Writing from the Maghreb*. Oxford: Lexington Books 2006.

Richter, Elke: *Ich-Entwürfe im hybriden Raum. Das Algerische Quartett von Assia Djebar*. Frankfurt a.M.: Peter Lang 2008.

Rocca, Anna: *Assia Djebar, le corps invisible. Voir sans être vue*. Paris: l'Harmattan 2004.

Ruhe, Doris: Scheherezades Botschaft: Sinnfülle und Sinnentzug in Assia Djebars *Ombre Sultane*. In: Ruhe, Ernstpeter (Hrsg.): *Europas islamische Nachbarn Bd. 2*. Würzburg: Königshausen & Neumann 1995, S. 45-70.

Ruhe, Ernstpeter: Les mots, l'amour, la mort. Les mythomorphoses d'Assia Djebar. In: Hornung, Alfred und Ernstpeter Ruhe (Hg.): *Postcolonialisme & autobio-*

graphie. Albert Memmi, Assia Djebar, Daniel Maximin. Amsterdam, Atlanta: Rodopi 1998, S. 161-177.

Said, Edward W.: *Orientalismus.* Frankfurt a.M., Berlin, Wien: Ullstein 1981.

Scharfmann, Ronnie: Regards du sujet, sujets du regard: *Vaste est la prison* d'Assia Djebar. In: Ruhe, Ernstpeter (Hrsg.): *Assia Djebar.* Würzburg: Königshausen & Neumann 2001, S.121-131.

Schuchardt, Beatrice: *Schreiben auf der Grenze. Postkoloniale Geschichtsbilder bei Assia Djebar.* Köln, Weimar, Wien: Böhlau 2006.

Segarra, Marta: *Leur pesant de poudre: romancières francophones du Maghreb.* Paris: l'Harmattan 1997.

Shepherd, Danielle: *Loin de Médine* d'Assia Djebar: quand les porteuses d'eau se font porteuses de feu. In: Niang, Sada (Hrsg.): *Littérature et cinéma en Afrique francophone. Ousmane Sembène et Assia Djebar.* Paris: l'Harmattan 1996, S.178-188.

Soukehal, Rabah: *Le roman algérien de langue française (1950-1990). Thématique.* Paris: Publisud 2003.

Spivak, Gayatri Chakravorty: French feminism in an international frame. In: *YFS* 62 (1981), S.154-184.

Tiffin, Helen: Post-colonial literatures and counter-discourse. In: Ashcroft, Bill, Gareth Griffins und Helen Tiffin (Hg.): *The post-colonial studies reader.* London, New York: Routledge 1995, S.95-98.

Van der Poel, Ieme: Djebar, l'Algérie et le corps politique. In: De Ruyter-Tognotti, D. und M. van Strien-Chardonneau (Hg.): *Le roman francophone actuel en Algérie et aux Antilles.* Amsterdam, Atlanta: Rodopi 1998, S.39-50.

Vogt, Jochen: *Aspekte erzählender Prosa. Eine Einführung in Erzähltechnik und Romantheorie.* Opladen/Wiesbaden: Westdeutscher Verlag [8]1998.

Walker, Muriel: Femme d'écriture française: la francographie djebarienne. In: *EC* 48,4 (2008), S.47-55.

Walter, Helga: *Widerschein Afrikas. Zu einer algerischen Literaturgeschichte. Themen und Motive*. Wiesbaden: Harrassowitz 1990.

Watson, Julia und Sidonie Smith: De/colonization and the politics of discourse in women's autobiographical practices. In: Smith, Sidonie und Julia Watson (Hg.): *De/colonizing the subject. The politics of gender in women's autobiography*. Minneapolis: University of Minnesota Press 1992, S.xiii-xxxi.

Winkelmann, Esther: *Assia Djebar. Schreiben als Gedächtnisarbeit*. Bonn: Pahl-Rugenstein 2000.

Woodhull, Winifred: „Ecrire, sans nul heritage": literature and feminism today. In: Ruhe, Ernstpeter (Hrsg.): *Assia Djebar*. Würzburg: Königshausen & Neumann 2001, S.19-35.

Woodhull, Winifred: *Transfigurations of the Maghreb. Feminism, decolonization, and literatures*. Minneapolis, London: University of Minnesota Press 1993.

Zabus, Chantal: Relexification. In: Ashcroft, Bill, Gareth Griffins and Helen Tiffin (Hg.): *The post-colonial studies reader*. London, New York: Routledge 1995, S. 314-318.

Zimra, Clarisse: Autographie et Je/jeux d'espace. Architecture de l'imaginaire dans le *Quatuor* d'Assia Djebar. In: Hornung, Alfred und Ernstpeter Ruhe (Hg.): *Postcolonialisme & autobiographie. Albert Memmi, Assia Djebar, Daniel Maximin*. Amsterdam, Atlanta: Rodopi 1998, S.117-135.

Zimra, Clarisse: Not so far from Medina: Assia Djebar charts Islam's ‚insupportable feminist revolution.' In: *WLT* 70,4 (1996), S.823-834.

7.2.1 Abkürzungen der im Text zitierten Werke Assia Djebars

AF: L'Amour, la fantasia
FA: Femmes d'Alger dans leur appartement
OS: Ombre Sultane
VP: Vaste est la prison

7.2.2 Zeitschriftensigel

CEM: Cahier d'études maghrébines
EC: L'Esprit Créateur
EF: Etudes Françaises
FT: Feminist Theory
JIWS: Journal of International Women's Studies
LCLF: Lettres et cultures de langue française
QVR: Quo vadis, Romania?
RAL: Research in African Literatures
WLT: World Literature Today
YFS: Yale French Studies
ZfK: Zeitschrift für Kulturaustausch

Dagmar Filter, Jana Reich,
Eva Fuchs (Hrsg.)

Arabischer Frühling?

Alte und neue Geschlechterpolitiken in
Einer Region im Umbruch

Feministisches Forum – Hamburger Texte zur
Frauenforschung, Bd. 5, 2013,
353 S., 39 Farb- und zahlreiche sw-Abb., br.,
ISBN 978-3-86226-193-2, € 24,80

Der Band befasst sich mit der Frage nach der politischen und gesellschaftlichen Partizipation von Frauen und Männern in muslimischen Gesellschaften vor, während und nach dem Arabischen Frühling, sowie der Bedeutung von Geschlechter(de)konstruktionen in einer Gesellschaft im Wandel.

In den meisten Ländern des „Arabischen Frühlings" sind die Geschlechterverhältnisse durch eine patriarchale Struktur und Tradition geprägt, die besonders Frauen in ihrer persönlichen Freiheit und in ihrer politischen Mitbestimmung einschränkt. Die revolutionären Prozesse in diesen Gesellschaften bieten die Chance, die Geschlechterverhältnisse aufzubrechen, neu zu denken und zu verhandeln. Die Selbstbefreiung der arabischen Frauen kann nicht automatisch durch die aktuellen revolutionären Veränderungen gelingen. Dennoch wohnt Revolutionen ein utopisches Potential inne, das durch keine konterrevolutionären Maßnahmen aufgehalten werden kann. Zwischen revolutionärer Wirklichkeit und inspirierter Utopie geht der Kampf um die Selbstbefreiung der Frauen (und der Männer) in der arabischen Welt weiter.

Centaurus Buchtipps

Bernd Oei
Eros & Thanatos
Philosophie und Wiener Melancholie in Arthur Schnitzlers Werk
Reihe Sprach- und Literaturwissenschaft, Bd. 42, 2013, 260 S., br.,
ISBN 978-3-86226-214-4, € 23,80

Katrin Schrenker
Dichtung und Wahn
Zur Psychopathologie in Georg Büchners »Lenz«
Reihe Sprach- und Literaturwissenschaft, Bd. 40, 2010, 160 S.,
ISBN 978-3-86226-036-2, **€ 18,90**

Katharina Schilling
Transnationale Migration und Care-Arbeit
Die soziale Situation von philippinischen Arbeitsmigrantinnen in Kanada
Migration und Lebenswelten, Bd. 5, 2013, 92 S., br.,
ISBN 978-3-86226-229-8, **€ 18,80**

Silvia von Steinsdorff, Helin Ruf-Uçar (Hrsg.)
Implementierung von Rechtsnormen
Gewalt gegen Frauen in der Türkei und in Deutschland
Reihe Sozialwissenschaften, Bd. 40, 2012, 128 S., br.,
ISBN 978-3-86226-173-4, **€ 22,80**

Sayime Erben
Gewalt und Ehre
Ehrbezogene Gewalt aus Täterperspektive
Reihe Sozialwissenschaften, Bd. 39, 2012, 116 S.,
ISBN 978-3-86226-146-8, **€ 18,80**

»Das Thema dieser Forschungsarbeit ist wichtig und hochaktuell.«
Roland Stein. Rezension vom 27.03.2013, in: socialnet Rezensionen, ISSN 2190-9245.

Farida Akhter
Samenkörner sozialer Bewegungen
Frauenbewegungen und andere Bewegungen in Bangladesh und weltweit
Mit einem Vorwort der Herausgeberin Maria Mies
Frauen * Gesellschaft * Kritik, Bd. 52, 2011, 342 S.,
ISBN 978-3-86226-032-4, **€ 22,80**

»Insgesamt bietet der Band allen, die sich mit Fragen der Entwicklungspolitik und den Perspektiven
für eine gerechte Welt befassen, Nachdenkenswertes aus der Perspektive des Südens.«
Anke Rösener, in: Portal für Politikwissenschaft, veröffentlicht am 20.10.2011.

Sabine Korstian
Akteure asymmetrischer Konflikte
Eine Studie zur nordirischen und palästinensischen Widerstandsgesellschaft
Frauen * Gesellschaft * Kritik, Bd. 51, 2010, 330 S.,
ISBN 978-3-8255-0761-9, **€ 28,00**

Informationen und weitere Titel unter **www.centaurus-verlag.de**

If you have any concerns about our products,
you can contact us on
ProductSafety@springernature.com

In case Publisher is established outside the EU,
the EU authorized representative is:
Springer Nature Customer Service Center GmbH
Europaplatz 3, 69115 Heidelberg, Germany

Printed by Libri Plureos GmbH
in Hamburg, Germany